马上开口说意大利语

出国旅游、工作、学习、生活应急必备

主编/彭妍

（第二版）

东南大学出版社
南京

图书在版编目(CIP)数据

马上开口说意大利语/彭妍主编. —南京:东南大学出版社,2013.7
ISBN 978-7-5641-4369-5

Ⅰ.①马… Ⅱ.①彭… Ⅲ.①意大利语—口语 Ⅳ.①H772.94

中国版本图书馆 CIP 数据核字(2013)第 147284 号

马上开口说意大利语

主　　编	彭　妍	责任编辑	刘　坚
电　　话	(025)83793329/83790577(传真)		
电子邮箱	liu-jian@seu.edu.cn		
出版发行	东南大学出版社	出版人	江建中
地　　址	南京市四牌楼2号(210096)	邮　编	210096
销售电话	(025)83792327/83794561/83794174/83794121/83795802/57711295(传真)		
网　　址	http://www.seupress.com		
电子邮箱	press@seupress.com		
经　　销	全国各地新华书店	印　　刷	南京新洲印刷有限公司
开　　本	880mm×1230mm　1/64　印　张　3.75　100千字		
版　　次	2017年1月第2版第1次印刷		
书　　号	ISBN 978-7-5641-4369-5		
定　　价	10.00元		

* 未经许可,本书内文字不得以任何方式转载、演绎,违者必究。
* 本社图书若有印装质量问题,请直接与营销部联系。电话:025-83791830。

前言

　　《马上开口说意大利语》一书特别汇集了出行意笔利必备的1000余句应急或日常的会话句子,涵盖了出行韩国的方方面面场景。每句话都很简短、管用,一看就懂,一读就会。另外还在后面追加了一些日常生活必备的常用词汇,并将其进行了合理的归类,是您轻松应急的实用之选。

　　为了让读者最大限度地利用日常零碎的时间进行学习,以提高韩语水平,我们特地在内容编辑、版式设计、声音录制等方面为读者考虑,特别邀请资深外教和标准普通话老师为每个句子进行中韩对照朗读配音。只要戴上耳机,就能轻松掌握应急句子。您可以走路、跑步、搭车、乘船,或站、或坐、或躺、或卧,随时听、随地听、反复听,轻松无压力!

　　总之,本书力求简明易懂、应急高效,让从零起点学习的读者的发音更为标准、地道,快速开口说韩语! 相信本书能对您的出行大有帮助,祝您出行顺利愉快!

　　本书的出版也得到了王红、刘佳、赵志清、孙玉梅、应梦丹、田秋月、陈贵南、卑琳、王坤等为本书的出版及音频剪辑付出了大量的工作,谨致谢意!

编者

目 录

一、场景会话篇

1. 乘飞机 …………………………………… 3
2. 在超市 …………………………………… 8
3. 在商场 …………………………………… 10
4. 在银行 …………………………………… 16
5. 在邮局 …………………………………… 20
6. 在美发店 ………………………………… 25
7. 在医院 …………………………………… 29
8. 在咖啡馆/外出就餐 …………………… 37
9. 住酒店 …………………………………… 44
10. 交通出行1(长途巴士、火车) ………… 50
11. 交通出行2(市内交通) ………………… 55
12. 交通出行3(租车) ……………………… 58
13. 参观游览 ………………………………… 60
14. 文化娱乐 ………………………………… 62
15. 运动休闲 ………………………………… 65

二、常用表达篇

1. 自我介绍 ·················· 71
2. 问候 ······················ 73
3. 询问 ······················ 76
4. 满意与不满 ················ 79
5. 寻求帮助 ·················· 81
6. 问路 ······················ 83
7. 谈论天气 ·················· 88
8. 问时间 ···················· 90
9. 谈论兴趣爱好 ·············· 92
10. 打电话 ··················· 94

三、商旅必备篇

1. 询价 ····················· 101
2. 报价 ····················· 102
3. 订货 ····················· 104
4. 撤销订货 ················· 106
5. 确认 ····················· 107
6. 索赔 ····················· 109
7. 包装 ····················· 111
8. 在旅行社 ················· 112

9. 约见 …………………………………… 114

四、常用单词篇

1. 数字 …………………………………… 121
2. 时间、日期 …………………………… 131
3. 季节、月份 …………………………… 136
4. 颜色 …………………………………… 140
5. 动物 …………………………………… 143
6. 植物 …………………………………… 151
7. 食品 …………………………………… 157
8. 称谓 …………………………………… 168
9. 医药健康 ……………………………… 173
10. 度量衡 ………………………………… 178
11. 日常词汇 ……………………………… 180
12. 运动休闲 ……………………………… 195
13. 重要场所 ……………………………… 200
14. 交通工具 ……………………………… 207
15. 意大利主要城市及其景点 …………… 211
16. 重要节假日 …………………………… 217
17. 常见菜名 ……………………………… 220

一　场景会话篇

1. 乘飞机

>>> 工作人员的话

意语 Il passaporto e la carta d'imbarco, per favore.
谐音 衣了 巴撒波了多 诶 拉 咖了搭 滴木巴了靠, 呗 了 发喔嘞
中文 请出示护照和登机牌!

意语 Può portare appresso due bagagli.
谐音 啵 波了搭嘞 阿波嘞索 嘟诶 巴嘎衣
中文 您可以随身携带两件行李。

意语 Questo bagaglio deve essere consegnato per la spedizione.
谐音 乖丝多 巴嘎衣哦 呆歪 诶塞嘞 空塞你啊多 呗 了 拉 丝呗滴次哟奈
中文 您这件行李必须托运。

意语 Deve pagare la tassa per questa camera.
谐音 呆歪 巴嘎嘞 拉 搭撒 呗了 乖丝达 咖卖拉
中文 您得给这台相机交税。

意语 Vuole un posto vicino al finestrino o al corridoio?
谐音 呜哦嘞 呜恩 波死多 微七喏 阿了 夫衣奈丝特里诺 哦 阿了 靠哩多衣噢
中文 您想要靠窗还是靠通道的座位?

意语 Uscita numero sette.
谐音 呜西大 怒卖啰 塞呆
中文 请在7号登机口登机。

意语 Ha la ricevuta del bagaglio?
谐音 阿 拉 里切屋搭 呆了 巴嘎衣哦
中文 您有行李托运单么?

意语 Porta con sé sigarette?
谐音 波了嗒 空 塞 斯一嘎赖待
中文 您带香烟了吗?

意语 Faccia il favore di aprire questa valigia.
谐音 发茶衣了发喔嘞 第 阿普里雷 乖斯嗒 哇立扎
中文 请您打开这个行李箱。

>>> 乘客的话

意语 Desidero confermare il mio volo.
谐音 呆丝呆啰 空肤诶了妈嘞 衣了 咪哦 喔啰
中文 我想确认一下我的航班。

意语 Vorrei prendere il primo aereo.
谐音 喔嘞衣 波嘞恩呆嘞 衣了 阿诶嘞哦
中文 我想乘最早的航班。

意语 Vorrei un biglietto per Venezia.
谐音 喔嘞衣 呜恩 逼衣诶多 呗了 微奈次啊
中文 我想要一张去威尼斯的机票。

意语 A che ora posso fare il check in?
谐音 阿 开 噢拉 波缩 发嘞 伊勒 切克 印
中文 什么时候办理登机手续?

意语 Ecco il mio passaporto.
谐音 唉扣 衣了咪哦 巴萨波了多
中文 这是我的护照。

意语 Può dirmi a che ora arriviamo a Roma?
谐音 啵 滴了咪 阿 开 噢拉 阿哩微阿摸 阿 啰妈
中文 请问我们几点抵达罗马?

意语 Vorrei cambiare /annullare il mio biglietto.
谐音 喔嘞衣 刚逼阿嘞/阿怒拉嘞 衣了 咪哦 逼衣诶多
中文 我想改/退票。

意语 C'è un collegamento diretto?
谐音 赤艾 呜恩 靠嘞嘎闷多 滴嘞多
中文 有直达的航班吗?

意语 Quanti chili di bagaglio sono gratuiti?
谐音 光滴 可衣哩 滴 巴嘎衣噢 索诺 哥拉嘟衣低
中文 我可以带多少公斤的免费行李?

意语 Vorrei un posto vicino al corridoio.
谐音 喔嘞衣 呜恩 波丝多 微七喏 阿了 靠哩多哟
中文 我想要靠过道的座位。

意语 Vorrei spedire la valigia.
谐音 喔嘞衣 丝呗滴嘞 拉 挖哩加
中文 我要托运这个箱子。

意语 Posso portare il bagaglio a mano?
谐音 波缩 波了大嘞 衣了 巴嘎衣哦 阿 妈喏
中文 我可以随身携带这件行李吗?

意语 Non ho niente da dichiarare.
谐音 弄诺 念待 达 第可一阿拉勒
中文 我没有需要申报的东西。

意语 Dov'è il bagno?
谐音 多歪 衣了 巴你哦
中文 洗手间在哪?

意语 I miei bagagli non sono ancora arrivati.
谐音 依 米唉依 巴嘎里 弄 索诺 昂科拉 阿里哇蒂
中文 我的行李还没有到。

意语 A chi mi posso rivolgere?
谐音 阿 可依 米 波索 里沃宅垒
中文 我应该向谁求助呢?

2. 在超市

>>> 服务员的话

意语 Le posso essere d'aiuto?
谐音 嘞 波缩 诶塞嘞 搭与多
中文 我能帮您吗?

意语 Costa ottanta euro.
谐音 靠丝搭 噢当搭 诶呜啰
中文 要80欧。

意语 Mi dispiace, è tutto esaurito.
谐音 咪 滴丝逼阿切, 诶 嘟多 诶搔哩多
中文 很抱歉,都卖完了。

意语 Glielo incarto?
谐音 衣诶啰 印咖了多
中文 要为您包起来吗?

>>> 顾客的话

意语 A che ora apre il supermercato?
谐音 阿 开 噢拉 阿波嘞 意了 苏呗了卖了咖多
中文 超市几点开门?

意语 Dove sono i carrelli?
谐音 多歪 索诺 衣 咖嘞哩
中文 哪儿有购物推车?

意语 Ci sono offerte speciali oggi?
谐音 吃依 索诺 噢夫诶了呆 丝呗了掐哩 噢积
中文 今天有特价商品吗?

意语 Dov'è la cassa?
谐音 多歪 啦 咖撒
中文 收银台在哪儿?

意语 Prendo un po' di cetrioli.
谐音 波烂多 呜恩 波 滴 切的哩噢哩
中文 我要一点黄瓜。

意语 Quanto costa?
谐音 框多靠丝搭
中文 一共多少钱?

3. 在商场

>>> 服务员的话

意语 Le posso essere utile?
谐音 嘞 波缩 诶塞嘞 吾迪嘞
中文 我能为您效劳吗?

- 意语 Cosa cerca?
- 谐音 靠撒 切了咖
- 中文 您想找什么?

- 意语 Che colore ti piace?
- 谐音 开 靠啰嘞 滴 逼阿切
- 中文 你喜欢哪种颜色?

- 意语 Qualcos' altro?
- 谐音 瓜了靠撒了的啰
- 中文 还需要别的什么吗?

- 意语 Ti piace questo stile?
- 谐音 滴 逼啊切 乖丝多 丝滴嘞
- 中文 你喜欢这种风格吗?

- 意语 Le sta bene.
- 谐音 嘞 丝搭 呗奈
- 中文 这很适合你。

意语 Che taglia?
谐音 开 搭衣阿
中文 多大号？

意语 Mi dispiace, era l'ultimo.
谐音 咪 滴丝逼啊切，诶拉 路了滴摸
中文 很抱歉，那是最后一件了。

意语 Vuole provarla?
谐音 呜哦嘞 不啰挖了拉
中文 您要试一下吗？

>>> 顾客的话

意语 Vorrei comprare una camicia.
谐音 喔嘞衣 空不拉多 呜呐 咖咪掐
中文 我想买件衬衫。

意语 Cercavo una gonna.
谐音 切了咖喔 呜呐 过呐
中文 我想找一条裙子。

意语 Ho bisogno di una nuova batteria per l'orologio.
谐音 哦 比索尼奥 第 乌纳 努奥哇 巴待里亚 拜勒 咯洛咯及奥
中文 我需要给我的手表换块新电池。

意语 Posso provare queste scarpe?
谐音 波缩 不啰挖嘞 乖丝呆 丝咖呗
中文 我能试穿这双鞋吗?

意语 È fatto a mano?
谐音 艾 发多 阿 麻诺
中文 是手工制作的吗?

意语 Dove sono i camerini di prova?
谐音 多维 索诺 依 卡麦力尼 第 普洛哇
中文 试衣间在哪里?

意语 Di che materiale è?
谐音 第 凯 马代里阿雷 艾
中文 是什么材质的?

意语 È troppo caro.
谐音 诶 的啰波 咖啰
中文 太贵了。

意语 È troppo grande.
谐音 诶 的啰波 哥浪呆
中文 太大了。

意语 Non mi entra.
谐音 弄 咪 按的拉
中文 我穿不进去。

意语 Non mi piace questo.
谐音 弄 咪 逼阿切 乖丝多
中文 我不太喜欢这个。

意语 Mi piace molto.
谐音 咪 逼阿切 摸了多
中文 我非常喜欢这个。

意语 Prendo questo.
谐音 普烂多 乖丝多
中文 我买下了。

意语 Mi può fare un po' di sconto?
谐音 咪 波 发嘞 呜恩 波 滴 丝空多
中文 能给我打点儿折吗?

意语 È questo il suo ultimo prezzo?
谐音 诶 乖丝多 意了 苏噢 呜了滴摸 普莱左
中文 还能便宜些吗?

意语 Posso usare la carta di credito?
谐音 波缩 呜撒嘞 拉 咖了搭 滴 科嘞滴多
中文 我可以用信用卡支付吗?

4. 在银行

>>> 工作人员的话

意语 Un documento d'identità, per favore!
谐音 呜恩 多哭漫多 滴灯滴大, 呗了 发喔嘞
中文 请出示身份证件。

意语 Riempia il modulo, per cortesia.
谐音 哩安逼啊 意了 摸嘟啰, 呗了 靠了 呆思衣阿
中文 请填写表格。

意语 Firmi qui, per favore.
谐音 夫依勒米 亏一 呗了 发喔嘞
中文 请在这里签名。

意语 Questo è il suo libretto.
谐音 乖丝多 诶 意了 苏哦 哩波嘞多
中文 这是您的存折。

意语 Il versamento è stato registrato sul suo libretto.
谐音 意了 歪了撒漫多 诶 丝搭多 嘞积丝的拉多 苏了 苏噢 哩波嘞多
中文 存款已记到您的账户上了。

意语 Il suo saldo è 1000 euro.
谐音 意了 苏噢 撒了多 诶 咪嘞 诶呜啰
中文 您的(账户)余额是1000欧元。

意语 Attenda un momento, prego.
谐音 阿灯搭 呜恩 摸漫多,不嘞过
中文 请稍等。

>>> 顾客的话

意语 Dov'è un bancomat?
谐音 多歪 呜恩 帮靠嘛特
中文 请问哪儿有自动取款机?

意语 Vorrei aprire un conto.
谐音 喔嘞衣 阿波哩嘞 呜恩 空多
中文 我想开个账户。

意语 Vorrei versare.
谐音 喔嘞衣 歪了撒嘞
中文 我想存钱。

意语 Ho dimenticato il codice segreto.
谐音 噢 滴漫滴咖多 意了 靠滴切 塞哥嘞多
中文 我把密码忘了。

意语 Vorrei cambiare dei soldi.
谐音 喔嘞衣 刚逼阿嘞 呆衣 缩了滴
中文 我想换钱。

意语 Vorrei cambiare 500 euro.
谐音 喔嘞衣 刚逼阿嘞 侵乖签多 诶呜啰
中文 我想换 500 欧元。

- 意语 Com'è il cambio?
- 谐音 靠买 意了 刚逼噢
- 中文 汇率是多少？

- 意语 Vorrei incassare questo assegno.
- 谐音 喔嘞衣 印咖撒嘞 乖丝多 阿塞你噢
- 中文 我想把这个支票兑换成现金。

- 意语 Quanto è il tasso di interesse?
- 谐音 框多诶 意了 搭缩 滴 印呆嘞塞
- 中文 利率是多少？

- 意语 Accettate traveler's cheque?
- 谐音 阿切搭呆 得拉乌儿勒丝 拆克
- 中文 你们收旅行支票吗？

- 意语 Mi dia anche un po' di spiccioli, per favore.
- 谐音 米 滴阿 昂凯 呜恩 波 第 斯毕乔里 呗了 发喔嘞
- 中文 请给我一些零钱。

5. 在邮局

>>> 工作人员的话

意语 Per dove?
谐音 呗了 多歪
中文 寄到哪里?

意语 Cosa c'è dentro?
谐音 靠撒 赤艾 丹特啰
中文 里面是什么?

意语 Semplice o raccomandata?
谐音 叁波哩切 噢 拉靠漫搭答
中文 平信还是挂号信?

意语 Quanti francobolli vuole?
谐音 光滴 夫琅靠波哩 呜噢嘞
中文 您想要多少邮票?

意语 Per che via lo spedisce?
谐音 呗了 开 微阿 啰 丝呗滴歇
中文 您想怎么寄?

意语 Riempia il bollettino.
谐音 哩安逼啊 意了 波嘞滴喏
中文 请填写运单。

意语 Compili la dichiarazione doganale!
谐音 空逼哩 拉 滴可衣阿拉次哟奈 多嘎呐嘞
中文 请填写报关单。

意语 Lo devo pesare.
谐音 啰 呆喔 呗撒嘞
中文 我要称一下。

意语 Allo sportello 5.
谐音 阿啰 丝波了呆啰 侵乖
中文 请去5号窗口。

意语 Lo vuole assicurare?
谐音 乌哦勒 阿斯一库拉勒
中文 您需要上保险吗?

意语 È fragile?
谐音 唉 弗拉直一勒
中文 是易碎品吗?

>>> 顾客的话

意语 Dov'è la cassetta postale più vicina?
谐音 多歪 拉 卡赛嗒 报斯大嘞 毕呜 未吃依纳
中文 最近的邮筒在哪里?

意语 Dov'è l'ufficio postale più vicino?
谐音 多歪 鲁夫依乔报斯大嘞 毕呜 未吃依诺
中文 最近的邮局在哪里?

意语 Vorrei dei francobolli.
谐音 喔嘞衣 呆衣 夫琅靠波哩
中文 我要买邮票。

意语 Uno da 50 centesimi.
谐音 呜喏 搭 侵光搭 签呆思衣咪
中文 一张50分的。

意语 Vorrei spedire una cartolina.
谐音 喔嘞衣 丝呗滴嘞 呜呐 咖了多哩呐
中文 我想寄一张明信片。

意语 Vorrei spedire una lettera.
谐音 喔嘞衣 丝呗滴嘞 呜呐 嘞呆拉
中文 我想寄一封信。

意语 Per la Cina.
谐音 呗了 拉 七呐
中文 寄到中国。

意语 Semplice/Raccomandata.
谐音 叁波哩切/拉靠漫搭答
中文 寄平信/挂号信。

> **意语** Espresso.
> **谐音** 诶丝不嘞缩
> **中文** 寄特快。

> **意语** Quant' è?
> **谐音** 光呆
> **中文** 多少钱?

> **意语** Quanto ci mette ad arrivare?
> **谐音** 框多七 卖呆 阿的 阿哩挖嘞
> **中文** 多长时间能寄到?

> **意语** Vorrei spedire un pacco a Parigi.
> **谐音** 喔嘞衣 丝呗滴嘞 呜恩 巴靠 阿 巴哩积
> **中文** 我想寄包裹到巴黎。

> **意语** Vorrei spedire questi libri a Firenze.
> **谐音** 喔嘞衣 丝呗滴嘞 乖丝滴 哩不哩 阿 夫衣烂自诶
> **中文** 我想寄这些书到佛罗伦萨。

意语 Quale conviene di più?
谐音 瓜嘞 空微诶奈 滴 毕鸣
中文 哪种划算些?

6. 在美发店

>>> 工作人员的话

意语 Solo tagliarli?
谐音 缩啰 搭衣阿了哩
中文 只需剪发吗?

意语 Si accomodi.
谐音 思衣 阿靠摸滴
中文 请坐。

意语 È il Suo turno.
谐音 诶 意了 苏噢 嘟了喏
中文 该您了。

意语 Come li vuole?
谐音 靠卖 意了 呜噢嘞
中文 您想剪什么样的发型?

意语 Di che colore li vuole?
谐音 滴 开 靠啰嘞 意了 呜噢嘞
中文 你想要什么颜色?

意语 Le regolo anche le basette.
谐音 嘞 嘞过啰 按开 嘞 巴塞呆
中文 我给您也修一下鬓角吧。

>>> 顾客的话

意语 Vorrei fare la messa in piega.
谐音 喔嘞衣 发嘞 拉 卖撒 印 逼诶嘎
中文 我来烫头发。

意语 Vorrei tingere i capelli.
谐音 喔嘞衣 丁接嘞 衣 咖呗哩
中文 我来染发。

意语 Quanto ci vuole?
谐音 框多 吃依 呜噢嘞
中文 要等多久?

意语 Me li tagli un po' più corti.
谐音 卖 哩 搭衣 呜恩 波 逼哟 靠了滴
中文 剪短些。

意语 Non troppo corti.
谐音 弄 的啰波 靠了滴
中文 不要太短。

意语 Mi fa la frangetta?
谐音 米 发 拉 弗朗这唉嗒
中文 能给我剪个刘海吗?

意语 Vorrei fare la permanente.
谐音 喔嘞衣 发嘞 拉 呗了嘛奈恩呆
中文 我想烫波浪。

意语 Vorrei fare i ricci.
谐音 喔嘞衣 发嘞 衣 哩七
中文 我想要小卷发。

意语 Vorrei i capelli lisci.
谐音 喔嘞衣 衣 咖呗哩 哩西
中文 我想要直发。

意语 Vorrei un colore freddo (caldo).
谐音 喔嘞衣 呜恩 靠啰嘞 夫嘞多(咖了多)
中文 我想要冷(暖)色调。

意语 Mi asciughi i capelli, per favore.
谐音 咪 阿数哥衣 衣 咖呗哩,呗了 发喔嘞
中文 请帮我吹干。

7. 在医院

>>> 工作人员的话

意语 Come si chiama?
谐音 靠卖 思衣 可衣阿嘛
中文 您的名字?

意语 È la prima volta che viene da noi?
谐音 诶 拉 不哩嘛 喔了搭 开 微诶奈 搭 喏衣
中文 您是第一次来这儿吗?

意语 Ha il libretto sanitario?
谐音 阿 意了 哩不来多 撒你搭哩噢
中文 您带保险卡了吗?

意语 Cosa si sente?
谐音 靠撒 思衣 叁呆
中文 您那儿不舒服?

意语 Da quanto ha la febbre?
谐音 搭 框多 阿 拉 费不嘞
中文 您发烧多久了?

意语 Da quanto sente dolore?
谐音 搭 框多 叁呆 多啰嘞
中文 您感到疼多久了?

意语 Apra la bocca!
谐音 阿不拉 拉 波咖
中文 请张嘴。

意语 Dica "A".
谐音 滴咖 阿
中文 请说"啊"。

意语 Tiri fuori la lingua!
谐音 滴哩 夫噢哩 拉 临瓜
中文 请把舌头伸出来!

意语 Aspiri profondamente!

谐音 阿诶丝逼哩 不啰风搭漫呆

中文 深吸气!

意语 Espiri!

谐音 诶丝逼哩

中文 吐气!

意语 Trattenga il fiato!

谐音 的拉灯嘎 意了 夫衣阿多

中文 屏住气!

意语 Si spogli.

谐音 思衣 丝波衣

中文 请把衣服脱了。

意语 Sente dolore qui?

谐音 叁呆 多啰嘞 亏一

中文 这儿疼吗?

> **意语** Misuriamo la pressione.
> **谐音** 咪苏哩阿摸 拉 不嘞思哟奈
> **中文** 我们测一下血压。

> **意语** Ha altri sintomi?
> **谐音** 阿 阿勒特里 斯印多米
> **中文** 您还有其他症状吗?

> **意语** Le prescrivo una ricetta.
> **谐音** 嘞 不嘞丝可哩喔 呜呐 哩切搭
> **中文** 我给您开处方。

> **意语** Tre pillole alla volta, tre volte al giorno.
> **谐音** 特嘞 逼啰嘞 阿拉 喔了搭 特嘞 喔了待 阿了 之奥了诺
> **中文** 每次3片,每天3次。

> **意语** Deve riposare.
> **谐音** 呆歪 哩波撒嘞
> **中文** 您必须休息。

意语 Non deve bere.
谐音 弄 呆歪 呗嘞
中文 您不能喝酒。

>>> 顾客的话

意语 Vorrei fissare un appuntamento.
谐音 喔嘞衣 夫衣撒嘞 呜恩 阿泵搭漫多
中文 我想预约个门诊时间。

意语 Ho un appuntamento per le 14:00.
谐音 噢 呜恩 阿泵搭漫多 呗了 嘞 瓜多了滴七
中文 我预约了下午2点来看病。

意语 Mi fa male la testa.
谐音 咪 发 嘛嘞 拉 呆丝搭
中文 我头疼。

意语 Mi fa male la pancia.
谐音 咪 发 嘛嘞 拉 帮掐
中文 我肚子疼。

意语 Mi fa male lo stomaco.
谐音 咪 发 嘛嘞 啰 丝多嘛靠
中文 我胃疼。

意语 Mi fa male il ginocchio.
谐音 咪 发 嘛嘞 意了 积诺可衣噢
中文 我膝盖疼。

意语 Mi fa male la gola.
谐音 咪 发 嘛嘞 拉 告拉
中文 我喉咙疼。

意语 Ho il raffreddore.
谐音 噢 意了 拉弗来多勒
中文 我感冒了。

意语 Ho la febbre.
谐音 噢 拉 夫诶不嘞
中文 我发烧了。

意语 Ho la diarrea.
谐音 噢 拉 滴阿嘞阿
中文 我拉肚子。

意语 Ho la tosse.
谐音 噢 拉 多塞
中文 我咳嗽。

意语 Non mi sento bene.
谐音 弄 咪 叁多 呗奈
中文 我感觉不舒服。

意语 Mi sento debole.
谐音 咪 叁多 呆波嘞
中文 我感觉无力。

意语 Ho la nausea.
谐音 噢 拉 闹塞阿
中文 我觉得恶心。

意语 Ho un piede lussato.
谐音 噢 呜恩 逼诶呆 掳撒多
中文 我脚扭了。

意语 Ho il capogiro.
谐音 噢 意了 咖波积啰
中文 我觉得头晕。

意语 Che cosa devo fare?
谐音 开 靠撒 待喔 发勒
中文 我该怎么办?

意语 Grazie, dottore!
谐音 割拉次唉 多多勒
中文 谢谢大夫!

8. 在咖啡馆/外出就餐

>>> 服务员的话

意语 Signore!
谐音 思衣 你噢嘞
中文 先生!

意语 Per quante persone?
谐音 呗了 光呆 呗了缩奈
中文 几位?

意语 Per quando desidera il tavolo?
谐音 呗了 光多 呆思衣呆拉 意了 搭喔啰
中文 桌位您想预订在什么时候?

意语 Arrivo subito.
谐音 阿哩喔 苏逼多
中文 我马上来。

意语 Cosa prende?
谐音 靠撒 不烂呆
中文 您要点什么?

意语 Come la vuole la bistecca?
谐音 靠卖 拉 呜沃勒 拉 毕斯待卡
中文 牛排要几成熟?

意语 Da bere cosa portiamo?
谐音 搭 呗嘞 靠撒 波了滴阿摸
中文 想喝点什么?

意语 Che dolce Le diamo?
谐音 开 多了切 嘞 滴阿摸
中文 要什么饭后甜点?

意语 Qualcos' altro?
谐音 瓜了靠撒了的啰
中文 还要什么吗?

意语 Sono 80 euro.
谐音 索诺 噢当大 诶呜啰
中文 一共80欧。

意语 Non accettiamo la carta di credito.
谐音 弄 阿切滴阿摸 拉 咖了搭 滴 科嘞滴多
中文 我们不用信用卡。

>>> 顾客的话

意语 Cameriere!
谐音 咖卖哩诶嘞
中文 服务员!

意语 Vorrei un espresso.
谐音 喔嘞衣 呜恩 唉斯普赖索
中文 我要一杯浓缩咖啡。

意语 Vorrei un cappuccino.
谐音 喔嘞衣 呜恩 卡布吃一诺
中文 我要一杯卡布基诺。

意语 Vorrei un cornetto.
谐音 喔嘞衣 呜恩 阔了耐多
中文 我要一个弯月面包。

意语 Vorrei acqua naturale.
谐音 喔嘞衣 阿库阿 那度拉勒
中文 我要(不带气)矿泉水。

意语 Vorrei riservare un tavolo per due persone.
谐音 喔嘞衣 哩塞了挖嘞 呜恩 搭喔啰 呗了 嘟诶 呗了缩奈
中文 我想预订一张两人桌。

意语 Mi porti il menù, per cortesia!
谐音 咪 波了滴 意了 卖怒,呗了 靠了呆思衣阿
中文 请拿菜单来!

意语 Vorremmo ordinare.
谐音 喔嘞摸 噢了滴呐嘞
中文 我们要点菜。

意语 Che c'è di speciale?
谐音 开 切 滴 丝呗掐嘞
中文 有什么特色菜？

意语 Mi può consigliare qualcosa?
谐音 咪 啵 空思衣衣阿嘞 瓜了靠撒
中文 可以给我推荐一下吗？

意语 Io prendo gli spaghetti alle vongole.
谐音 衣噢 不烂多 衣 丝巴该滴 阿嘞 喔恩过嘞
中文 我要一份蛤蜊面。

意语 Al sangue.
谐音 阿了 桑圭艾
中文 (牛排等)带血的。

意语 Non troppo cotta, ma non al sangue.
谐音 弄 特罗波 靠嗒 嘛 弄 阿了 桑圭艾
中文 不要全熟，但也不要见血。

意语 Ben cotta.
谐音 拜嗯 靠嗒
中文 全熟。

意语 Vorrei il vino.
谐音 喔嘞衣 意了 微喏
中文 我要葡萄酒。

意语 Un succo di frutta.
谐音 呜恩 苏靠 滴 夫掳搭
中文 一份果汁。

意语 Un gelato.
谐音 呜恩 接拉多
中文 一份冰激凌。

意语 Cameriere, io non ho ordinato questo.
谐音 咖卖哩诶嘞, 衣噢 弄 噢 噢了滴呐多 乖丝多
中文 服务员,这不是我点的菜。

意语 Mi porti un' altra birra.
谐音 咪 波了滴 呜呐了的拉 逼拉
中文 再给我拿一瓶啤酒。

意语 Sono sazio.
谐音 索诺 撒次哦
中文 我饱了。

意语 Il conto, prego!
谐音 意了 空多, 不嘞过
中文 买单!

意语 Quanto costa?
谐音 框多 靠丝搭
中文 多少钱?

意语 Grazie, tenga il resto.
谐音 哥拉次诶, 但嘎 意了 嘞丝多
中文 谢谢, 不用找了。

9. 住酒店

>>> 服务人员的话

意语 Posso aiutarLa?
谐音 波缩 阿又搭了拉
中文 我可以为您效劳吗?

意语 Per quante notti?
谐音 呗了 光呆 喏滴
中文 住几晚?

意语 Per quante persone?
谐音 呗了 光呆 呗了缩奈
中文 几位?

意语 Singola o doppia?
谐音 思衣过拉 噢 多逼阿
中文 单人间还是双人间?

- 意语 Posso avere il suo passaporto, per favore?
- 谐音 波缩 阿歪嘞 意了 苏噢 巴撒波了多，呗了 发喔嘞
- 中文 能出示您的护照吗？

- 意语 Riempia il modulo di registrazione.
- 谐音 哩安逼阿 意了 摸嘟啰 滴 嘞积丝的拉次哟奈
- 中文 请填写入住登记表。

- 意语 Firmi qui.
- 谐音 夫衣了咪 亏一
- 中文 请在这儿签名。

- 意语 Questa è la chiave.
- 谐音 乖丝搭 诶 拉 可衣阿歪
- 中文 这是房间钥匙。

- 意语 Al primo piano.
- 谐音 阿了 不哩摸 逼阿喏
- 中文 在二楼。

意语 Buona permanenza!
谐音 不噢呐 呗了嘛楠咋
中文 祝您住宿愉快!

意语 Come vuole pagare?
谐音 靠卖 呜噢嘞 巴嘎嘞
中文 您想用什么方式付款?

意语 La colazione è/non è inclusa.
谐音 拉 靠拉次哟奈 诶/弄 诶 印科掳撒
中文 包括/不包括早餐。

意语 La colazione si serve dalle sei alle dieci.
谐音 拉 靠拉次哟奈 思衣 塞了歪 搭嘞 塞衣 阿嘞 滴诶七
中文 早餐时间从六点到十点。

>>> 旅客的话

意语 Vorrei prenotare una stanza.
谐音 喔嘞衣 不嘞喏搭嘞 呜呐 丝当咋
中文 我想预订房间。

意语 Una doppia.
谐音 呜呐 多逼阿
中文 一个双人间。

意语 Due singole.
谐音 嘟诶 丝因过嘞
中文 两个单人间。

意语 Una matrimoniale.
谐音 呜呐 嘛的哩摸你阿嘞
中文 一个大床间。

意语 Avete una stanza con tre letti?
谐音 阿歪呆 呜呐 丝当咋 空 的嘞 嘞滴
中文 有三人间吗?

意语 Quanto costa una stanza?
谐音 框多 靠丝搭 呜呐 丝当咋
中文 多少钱一个房间?

意语 A che ora comincia la colazione?
谐音 阿 开 噢拉 空冥掐 拉 靠拉次哟奈
中文 几点开始早餐?

意语 Dove posso parcheggiare la mia macchina?
谐音 多歪 波索 巴了凯架勒 拉 米阿 嘛可衣拿
中文 我的车可以停在哪里?

意语 C'è WIFI gratuito nella mia camera?
谐音 赤艾 哇艾发艾 格拉度依多 耐拉 米阿 咖麦拉
中文 我的房间里有免费无线网络(WIFI)吗?

意语 Mi svegli alle sette, per cortesia.
谐音 咪 丝歪衣 阿嘞 塞呆,呗了 靠了呆思衣阿
中文 请7点钟叫早。

意语 Avanti!
谐音 阿旺第
中文 请进!

意语 Può pulire la stanza adesso?
谐音 布哦 布立累 拉 斯当咋 阿待索
中文 可以现在就打扫房间吗?

意语 Il rubinetto non funziona.
谐音 衣了 卢比耐多 弄 风次一奥那
中文 龙头坏了。

意语 Non c'è l'acqua calda.
谐音 弄赤艾 拉库阿 卡了嗒
中文 没有热水。

意语 Per favore, potrei avere ancora una coperta?
谐音 呗了 发喔嘞 波特雷依 阿歪勒 昂靠拉 呜那 靠拜了嗒
中文 可以再给我一床被子吗?

意语 Vorrei lasciare la stanza.
谐音 喔嘞衣 拉下嘞 拉 丝当咋
中文 我想退房。

意语 Può preparare il conto, per favore?
谐音 波 普赖巴拉勒 伊了 空多 呗了 发喔嘞
中文 可以帮我结账了吗?

意语 Posso lasciare qui il mio bagaglio?
谐音 波缩 拉下嘞 亏一 意了 咪噢 巴嘎衣噢
中文 我可以把行李存放在这吗?

10. 交通出行 1（长途巴士、火车）

意语 Parte alle 7.
谐音 巴了呆 阿嘞 塞呆
中文 7点发车。

意语 Arriva alle 9.
谐音 阿哩挖 阿嘞 喏歪
中文 9点到达。

意语 Deve cambiare a Roma.
谐音 呆歪 刚逼阿嘞 阿 啰嘛
中文 您得在罗马换乘。

意语 Solo andata o andata e ritorno?
谐音 缩啰 昂搭答 噢 昂搭答 诶 哩多了喏
中文 是单程还是往返的？

意语 Fumatori o non fumatori?
谐音 夫嘛多哩 噢 弄 夫嘛多哩
中文 吸烟区还是无烟区？

意语 Inserisca il biglietto nella macchina obliteratrice.
谐音 印塞哩丝咖 意了 逼衣诶多 奈拉 嘛可衣拿 噢不哩呆拉的哩切
中文 请把票插入检票机。

意语 Prima o seconda classe?
谐音 不哩摸 噢 塞空搭 科拉塞
中文 一等车厢还是二等的?

意语 Parte con ritardo.
谐音 巴了待 空 里嗒了多
中文 车晚点了。

意语 C'è un ritardo di 20 minuti.
谐音 赤艾 呜恩 里嗒了多 第 闻第 米怒第
中文 晚点了20分钟。

意语 Da quale binario parte?
谐音 达 瓜勒 比那里哦 巴了待
中文 车从哪个站台出发?

意语 Dal binario numero 8.
谐音 嗒了 比那里哦 怒麦罗 奥多
中文 从8号站台。

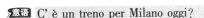

意语 C'è un treno per Milano oggi?
谐音 切 呜恩 的嘞诺 呗了 咪拉喏 噢积
中文 今天有去米兰的火车吗?

意语 A che ora è il prossimo treno?
谐音 阿 开 噢拉 诶 意了 不啰思衣摸 的嘞诺
中文 下班火车是什么时候?

意语 Dove posso comprare un biglietto?
谐音 多歪 波缩 空不拉嘞 呜恩 逼衣诶多
中文 我能在哪买到票?

意语 Due biglietti per Torino, per favore.
谐音 嘟诶 逼衣诶滴 呗了 多哩喏,呗了 发喔嘞
中文 买两张去都灵的票。

意语 Vorrei prenotare un posto.
谐音 喔嘞衣 不嘞喏搭嘞 呜恩 波丝多
中文 我想预订一个座位。

意语 È libero questo posto?
谐音 诶 哩呗啰 乖丝多 波丝多
中文 这个位子有人吗?

意语 Posso fumare qui?
谐音 波缩 夫嘛嘞 亏一
中文 我可以吸烟吗?

意语 Per quanto tempo il treno si ferma qui?
谐音 呗了 框多 但波 意了 的嘞喏 思衣 夫诶了嘛 亏一
中文 列车在这儿停靠几分钟?

意语 Può dirmi dove devo scendere, per favore?
谐音 波 滴了咪 多歪 呆喔 线呆嘞 呗了 发喔嘞
中文 请告诉我应该在哪下车好吗?

11. 交通出行 2（市内交通）

意语 Questo autobus va in centro?
谐音 乖丝多 奥多不丝 挖 阴 签的啰
中文 这辆公交是去市中心的吗？

意语 Prenda l'autobus numero 5.
谐音 不烂搭 烙多不丝 怒卖啰 侵乖
中文 您可以乘坐5路公交车。

意语 Dov'è la fermata della metropolitana più vicina?
谐音 多歪 拉 费了嘛嗒 待拉 麦特罗波里达纳 毕呜 未吃依呐
中文 请问最近的地铁站在哪儿？

意语 Quando passa il prossimo l'autobus per la stazione centrale?
谐音 况多 巴萨 意了 普罗斯—末 劳多布斯 呗了 拉斯塔次—奥内 沉特拉勒
中文 下一班去往火车站的巴士几点到?

意语 Un biglietto di corsa singola, per favore.
谐音 呜恩 比列多 第 靠了萨 斯因够拉 呗了 发喔嘞
中文 给我一张单程票。

意语 Ci sono biglietti giornalieri?
谐音 吃依 索诺 比列第 乔了那里耶里
中文 有(公交)天票吗?

意语 Dove posso trovare un taxi?
谐音 多维 波索 特罗哇勒 呜恩 嗒克斯—
中文 哪儿有出租车?

意语 Mi potrebbe chiamare un taxi per le dieci?
谐音 米 波特勒呗 <u>可依</u>阿嘛勒 呜恩 嗒克斯<u>一</u> 呗了 莱 第耶<u>吃依</u>
中文 您能帮我叫一辆的士吗?10点出发。

意语 All'Hotel Hilton, per favore!
谐音 阿咯待了 依了东 呗了 发喔嘞
中文 请带我到希尔顿酒店。

意语 In via Garibaldi 20, per favore.
谐音 因 维亚 嘎里巴了第 文第 呗了 发喔嘞
中文 请带我到加里波第路20号。

意语 Quanto costa andare all'aeroporto?
谐音 框多 考斯嗒 昂达勒 阿拉哎罗包了多
中文 去机场多少钱?

意语 Si fermi qui, per favore.
谐音 <u>斯一</u> 费了米 <u>亏一</u> 呗了 发喔嘞
中文 请在这儿停。

12. 交通出行 3（租车）

意语 Vorrei noleggiare una macchina.
谐音 喔嘞衣 诺莱加勒 乌纳 嘛可衣拿
中文 我想租辆轿车。

意语 Per quanto tempo?
谐音 呗了 框多 丹波
中文 租多长时间？

意语 Vorrei noleggiare la macchina per una settimana.
谐音 喔嘞衣 诺莱加勒 拉 嘛可衣拿 呗了 乌纳 塞滴妈呐
中文 我想租一周。

意语 Quanto costa?
谐音 框多 考斯嗒
中文 多少钱？

> 意语 Quanti chilometri sono compresi nel prezzo?
> 谐音 框第 可一咯麦特里 索诺 空普莱丝一 乃了 普莱左
> 中文 报价里含多少公里行程?

> 意语 La sua patente di guida, per favore.
> 谐音 拉 苏阿 巴丹待 第 圭嗒 呗了 发喔嘞
> 中文 请出示您的驾照。

> 意语 La sua carta di credito, per favore.
> 谐音 拉 苏阿 卡了嗒 第 可赖第多 呗了 发喔嘞
> 中文 请出示您的信用卡。

> 意语 Ecco la chiave.
> 谐音 唉阔 拉 可一阿未
> 中文 这是钥匙。

> 意语 È tutto a posto.
> 谐音 唉 度多 阿 报斯多
> 中文 都办好了。

意语 Stia attento!
谐音 斯第阿 阿旦多
中文 请小心些!

意语 Dov'è il distributore più vicino?
谐音 多歪 意了 迪斯特里布多叻 庇佑 为奇诺
中文 最近的加油站在哪儿?

意语 Il pieno, per favore.
谐音 意了 比也诺 呗了 发喔嘞
中文 请加满。

13. 参观游览

意语 Dov'è l'ufficio turistico?
谐音 多歪 路菲奇奥 杜丽丝迪克
中文 旅游问询处在哪儿?

意语 Vorrei una pianta della città.
谐音 喔嘞衣 乌纳 比昂嗒 待拉 吃一达
中文 我要一张城市地图。

意语 Quali sono le cose importanti da vedere qui?
谐音 跨立 索诺 赖 靠塞 因波当迪 达 外待勒 亏一
中文 这儿值得一看的有哪些?

意语 Quanto costa il biglietto d'ingresso?
谐音 框多 考斯嗒 意了 笔列多 丁各勒索
中文 门票多少钱?

意语 C'è una riduzione per studenti?
谐音 赤艾 乌纳 里杜次一哦内 呗了 斯度丹地
中文 学生有优惠吗?

意语 Un biglietto, per favore.
谐音 呜恩 笔列多 呗了 发喔嘞
中文 买一张票。

> 意语 Due adulti e due bambini, per favore.
> 谐音 杜诶 阿杜了迪 诶 杜诶 帮比尼 呗了 发喔嘞
> 中文 买两张成人票,两张儿童票。

> 意语 C'è una guida?
> 谐音 赤艾 乌纳 贵达?
> 中文 有导览手册吗?

14. 文化娱乐

> 意语 Dove andiamo stasera?
> 谐音 多歪 昂第阿莫 斯嗒塞拉
> 中文 今晚我们干嘛去呢?

> 意语 Il teatro non mi piace.
> 谐音 衣了 待阿特罗 弄 米 比阿拆
> 中文 我不喜欢看戏剧。

意语 Allora andiamo all'opera.
谐音 阿罗拉 昂第阿莫 阿咯百拉
中文 那我们去看歌剧吧。

意语 A che ora inizia il concerto?
谐音 阿 开 噢拉 因泥次一呀 意了 空吃哎多?
中文 音乐会几点开始?

意语 A che ora si può entrare?
谐音 阿 开 噢拉 斯一 波 恩特拉勒
中文 几点可以入场?

意语 Ci sono ancora biglietti per oggi?
谐音 吃依 索诺 昂科拉 比列迪 呗了 奥吉
中文 今天的票还有吗?

意语 Un biglietto per stasera, per favore.
谐音 呜恩 笔列多 呗了 斯达塞拉 呗了 发喔嘞
中文 请给我一张今晚的票。

意语 Quanto costa il biglietto?
谐音 框多 考斯塔 意了 笔列多
中文 一张票多少钱?

意语 C'è una riduzione per bambini?
谐音 赤艾 乌纳 里杜次一哦内 呗了 帮必尼
中文 有儿童优惠票吗?

意语 A che ora finisce lo spettacolo?
谐音 阿 开 噢拉 菲尼晒 洛 斯拜达靠洛
中文 演出几点结束?

意语 Bisogna indossare l'abito da sera?
谐音 比索尼阿 因多萨勒 拉比多 达 塞拉
中文 需要穿晚礼服吗?

意语 Che musica!
谐音 开 木斯一卡
中文 音乐太棒啦!

意语 Che melodie!
谐音 开 麦罗第唉
中文 旋律太美啦!

意语 Che noia!
谐音 开 诺一阿
中文 真无聊!

意语 Che bel film!
谐音 开 呗了 弗一了姆
中文 电影真好看!

15. 运动休闲

意语 Vorrei uno ski – pass per un giorno.
谐音 喔嘞衣 乌诺 斯格一帕斯 呗了 乌恩 之奥了诺
中文 我要一张单日滑雪通卡。

意语 Ci vuole una fotografia formato tessera.

谐音 吃依 呜噢嘞 乌纳 佛托格拉菲阿 佛了麻多 待塞拉

中文 需要一张证件照。

意语 Da che ora è valido lo ski – pass per mezza giornata?

谐音 达 开 噢拉 哎 哇里多 洛 斯格—帕斯 呗了 麦杂 之奥了那达

中文 半天滑雪通卡从几点开始生效?

意语 Vorrei prendere le lezioni private.

谐音 喔嘞衣 普兰待勒 莱 莱次—哦尼 普里哇待

中文 我想请私人教练。

意语 Sono principiante.

谐音 索诺 普林吃一比昂待

中文 我是初学者。

意语 Sono di livello medio.
谐音 索诺 第 里歪罗 麦迪欧
中文 我是中级水平。

意语 Si può fare il bagno qui?
谐音 斯一 波 发勒 意了 巴鸟 亏一
中文 这里可以游泳吗?

意语 Ci sono delle forti correnti?
谐音 吃依 索诺 待莱 佛了第 考勒恩第
中文 这里有激流吗?

意语 Vorrei noleggiare una sedia a sdraio.
谐音 喔嘞衣 诺莱加勒 乌纳 塞蒂亚 阿 斯得拉一哦
中文 我要租一个躺椅。

意语 Quanto costa all'ora?
谐音 框多 考斯嗒 阿罗拉
中文 一个小时多少钱?

意语 Vorremmo prenotare un campo da tennis per un'ora.

谐音 沃勒莫 普莱诺嗒勒 乌恩 康波 达 丹尼斯 呗了 乌诺拉

中文 我们想租一个小时网球场。

意语 C'è una palestra qui vicino?

谐音 赤艾 乌纳 巴莱斯特拉 亏一 为奇诺

中文 附近有健身房吗?

二　　常用表达篇

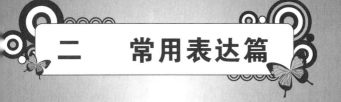

1. 自我介绍

意语 Mi chiamo XXX.
谐音 咪 科衣阿摸 XXX
中文 我叫某某某。

意语 Ho vent'anni.
谐音 噢 温大你
中文 我二十岁。

意语 Adesso studio all'università.
谐音 阿呆锁 丝度滴噢 阿掳你歪了丝衣大
中文 现在我在读大学。

意语 Sono operaio/impiegato/insegnante/dottore/comerciante/direttore…
谐音 索诺 噢呗拉一噢/因哔一唉嘎多/多多来/靠卖了七昂呆/滴来多来
中文 我是工人/职员/教师/医生/商人/经理……

意语 Sono cinese.
谐音 索诺 七奈塞
中文 我是中国人。

意语 Sono di Nanjing.
谐音 索诺 滴 南京
中文 我来自南京。

意语 Studio l'italiano da due mesi.
谐音 丝度滴噢 哩搭哩阿喏 搭 嘟唉 卖丝衣
中文 我学习意大利语两个月了。

意语 Mi sono laureato in medicina due anni fa.
谐音 咪 索诺 拉呜来阿多 因 卖滴七呐 嘟唉 阿你 发
中文 我两年前医学专业毕业。

意语 Finisco l'università fra un anno.
谐音 夫衣你丝靠 捋你歪了丝衣大 福拉 呜恩 阿喏
中文 我一年后毕业。

> 意语 Tornerò in Cina fra una settimana.
> 谐音 多了奈洛 因 七呐 福拉 呜呐 塞滴妈呐
> 中文 我一周后回中国。

> 意语 Vengo in Italia per lavoro studio.
> 谐音 温高 因 衣搭里阿 呗了 拉喔啰 丝嘟滴噢
> 中文 我来意大利工作/学习。

2. 问候

> 意语 Buongiorno.
> 谐音 不噢恩之奥了诺
> 中文 早上好。

> 意语 Buonasera.
> 谐音 不噢呐塞拉
> 中文 晚上好。

意语 Ciao.
谐音 掐噢
中文 你好。

意语 Come stai/sta?
谐音 靠卖 丝大衣/丝大
中文 你/您好吗?

意语 Bene, grazie. E tu/Lei?
谐音 呗奈 哥拉兹衣唉 唉 嘟/雷衣
中文 我很好,谢谢。你/您呢?

意语 Da quanto tempo non ci vediamo!
谐音 搭 框多 丹波 农 七 歪滴阿摸
中文 我们有多久没见了啊!

意语 Piacere!
谐音 逼阿切来
中文 很高兴认识您!

意语 Molto lieto di conoscerLa!
谐音 摸了多 哩唉多 滴 靠奴歇了拉
中文 很荣幸认识您!

意语 Mi dispiace, ma adesso devo andare.
谐音 米 迪斯比亚切 嘛 阿待索 待沃 昂达勒
中文 很抱歉,我得告辞了。

意语 Buon viaggio!
谐音 布昂 维阿之奥
中文 祝旅途顺利!

意语 Buon divertimento!
谐音 布昂 迪歪了第闷多
中文 祝玩得开心!

3. 询问

意语 Come ti chiami?
谐音 靠卖 滴 科衣阿米
中文 你叫什么名字?

意语 Come si chiama?
谐音 靠卖 丝衣 科衣阿妈
中文 您叫什么名字?

意语 Sei cinese/italiano/francese/spagnolo?
谐音 塞衣 七奈塞/衣搭哩阿喏/福朗切塞/丝巴你噢啰
中文 你是中国人/意大利人/法国人/西班牙人吗?

意语 Di dove sei?
谐音 滴 多歪 塞衣
中文 你来自哪里?

意语 Lavori o studi?
谐音 拉喔哩 噢 丝度滴
中文 你是工作了呢,还是在学习呢?

意语 Cosa studi?
谐音 靠撒 丝度滴
中文 你学什么?

意语 Che lavoro fai?
谐音 开 拉喔啰 发衣
中文 你/您做什么工作?

意语 Dove studi/lavori?
谐音 多歪 丝度滴/拉喔哩
中文 你在哪里学习/工作?

意语 Perché vieni in Italia? Lavori o viaggi?
谐音 呗了开 呜衣哎你 因 衣大里阿 拉喔里 噢 呜衣阿积
中文 你为什么来到意大利? 为了工作还是旅行?

意语 Che cos'è questo?
谐音 开 靠塞 乖丝多
中文 这是什么?

意语 Possiamo darci del tu?
谐音 波丝衣阿摸 搭了七 呆了 嘟
中文 我们可以以"你"相称吗?

意语 Parla inglese?
谐音 巴了拉 因格莱塞
中文 您会说英语吗?

意语 Ha capito?
谐音 阿 卡必多
中文 您懂了吗?

意语 Ho capito.
谐音 哦 卡必多
中文 我明白了。

意语 Non ho capito.
谐音 农 喏 卡必多
中文 我没明白。

意语 Può ripetere, per favore?
谐音 波 里拜待勒 呗了 发喔嘞
中文 您能重复一遍吗?

意语 Me lo potrebbe scrivere, per favore?
谐音 麦 洛 波特莱拜 斯可里歪勒 呗了 发喔嘞
中文 您可以帮我写下来吗?

4. 满意与不满

意语 Benissimo!
谐音 呗腻丝衣摸
中文 好极了!

意语 Sei bravissimo!
谐音 塞衣 不拉呜衣丝衣摸
中文 你太棒了!

意语 Mi piace.
谐音 米 比亚切
中文 我喜欢。

意语 Non mi piace il suo modo di parlare.
谐音 喏嗯 咪 逼阿切 意了 苏噢 摸多 滴 巴了拉来
中文 我不喜欢他/她的说话方式。

意语 Sono molto soddisfatto.
谐音 索诺 茂了多 丝噢滴丝发多
中文 我很满意。

意语 Mi trovo bene con te.
谐音 米 特罗沃 拜内 空 待
中文 和你相处很愉快。

>意语 Molto volentieri.
>谐音 莫了多 沃伦迪耶里
>中文 我很乐意。

>意语 Che peccato!
>谐音 开 拜卡多
>中文 好遗憾!

>意语 Preferirei di no.
>谐音 普莱菲哎里雷一 迪 诺
>中文 我不太愿意。

5. 寻求帮助

>意语 Aiuto!
>谐音 阿一乌多
>中文 救命!

意语 Come devo fare?
谐音 靠卖 呆喔 发来
中文 我该怎么办啊?

意语 Ti chiedo un favore.
谐音 滴 科衣唉多 呜嗯 发喔来
中文 我想请你帮个忙。

意语 Può prestarmi il Suo telefono? Ho perso il mio.
谐音 不奥 不来丝大了咪 意了 苏噢 呆来佛喏 噢 呗 了骚 意了 咪噢
中文 您可以借我用一下手机吗? 我的手机丢了。

意语 Certo, va bene.
谐音 切了多 挖 呗奈
中文 当然可以。

意语 Volentieri.
谐音 喔楞滴唉哩
中文 非常乐意。

>意语 Mi dispiace, sono troppo impegnato.
>谐音 咪 滴丝逼阿切 索诺 的啰波 因呗你啊多
>中文 不好意思,我实在太忙了。

6. 问路

>意语 Permette una domanda?
>谐音 呗了卖呆 呜呐 多慢搭
>中文 我可以问您一个问题吗?

>意语 Mi può dire dov'è la stazione ferroviaria?
>谐音 咪 不奥 滴来 多外 拉 丝搭次哟奈 夫唉啰呜衣阿哩阿
>中文 您可以告诉我火车站在哪里吗?

>意语 Scusi, può indicarmi il bagno più vicino?
>谐音 丝酷丝衣 不奥 因滴咖了咪 意了 爸你噢 逼又 呜衣七喏
>中文 劳驾,可以告诉我最近的洗手间在哪里吗?

意语 Scusi, ci sa dire dove si trova il museo?

谐音 丝酷丝衣 七 萨 滴来 多歪 丝衣 的啰挖 意了 木塞噢

中文 劳驾,您能告诉我们博物馆在哪里吗?

意语 Come si fa per andare all'ufficio postale?

谐音 靠卖 丝衣 发 呗了 安大来 阿掳夫衣七噢 波丝大来

中文 去邮局我该怎么走?

意语 E' lontano/vicino il parco?

谐音 爱 龙大喏/呜衣七喏 意了 爸了靠

中文 公园离这远/近吗?

意语 Me lo può indicare sulla cartina?

谐音 麦 洛 波 因第卡勒 苏拉 卡了第那

中文 您可以帮我(把它)在地图上指出吗?

意语 Posso andarci a piedi?
谐音 波索 昂嗒了吃一 阿 比耶第
中文 我能步行到达吗?

意语 Quanti minuti ci vogliono a piedi?
谐音 框第 米奴第 气 沃里哦诺 阿 比耶第
中文 步行需要多少时间能到?

意语 Mi dispiace, non lo so perché non sono di qui.
谐音 咪 滴丝逼阿切 喏嗯 啰 丝噢 呗了开 喏嗯 索诺 滴 亏一
中文 对不起,我不知道,因为我不是这里人。

意语 Guardi, lì c'è il vigile, chieda a lui, lo sa senz'altro.
谐音 瓜了滴 力 赤艾 意了 呜衣积来 科衣唉搭 阿 撸衣 啰 萨 三咋了的啰
中文 您看,交警在那里,您去问他,他一定知道。

意语 Devo prendere l'autobus o posso andare a piedi?

谐音 呆喔 不烂呆来 拉呜多不丝 噢 波丝噢 安大来 阿 逼唉滴

中文 我需要乘公交车还是可以走路去?

意语 Dov'è la fermata? E dove devo scendere?

谐音 多外 拉 夫唉了妈搭 唉 多歪 呆喔 歇嗯呆来

中文 车站在哪里? 我该在哪儿下车?

意语 E' lì, accanto all'edicola.

谐音 爱 力 阿咖嗯多 阿来第靠拉

中文 在那里, 书报亭旁边。

意语 Deve scendere alla terza fermata.

谐音 呆歪 歇嗯呆来 阿拉 呆了咋 夫唉了妈搭

中文 您应该在第三站下。

意语 Segua questa strada e vada sempre dritto.

谐音 塞刮 乖丝搭 丝的拉搭 唉 哇达 三母不来 的力多

中文 沿着这条路一直向前走。

意语 Giri a sinistra/destra al secondo semaforo.
谐音 积哩 阿 丝衣你丝的拉/呆丝的拉 阿了 塞空多 塞骂佛拉
中文 在第二个信号灯处左/右转。

意语 Attraversi la piazza e può vederlo.
谐音 阿的拉歪了丝衣 拉 逼阿咋 唉 不奥 歪呆了啰
中文 穿过广场您就能看见它了。

意语 Grazie mille, buongiorno.
谐音 割拉次唉 蜜来 不噢恩之奥了诺
中文 非常感谢,再见。

意语 Non c'è di che.
谐音 喏嗯 赤艾 滴 开
中文 不客气。

7. 谈论天气

意语 Che tempo fa? /Come è il tempo? /Come è la giornata?

谐音 开 丹波 发/靠买 爱 意了 丹波/靠买 爱 拉 捉了 那搭

中文 天气怎么样？

意语 Fa bel tempo.

谐音 发 呗了 丹波

中文 天气很好。

意语 Il cielo è sereno, non si vede la minima nuvola.

谐音 意了 切啰 爱 塞来喏 喏嗯 丝衣 歪呆 拉 蜜你妈 怒喔拉

中文 天气晴朗，几乎看不到一丝云彩。

意语 Fa brutto tempo.
谐音 发 不路多 丹波
中文 天气不好。

意语 Fa caldissimo.
谐音 发 咖了第丝衣摸
中文 天气非常热。

意语 L'aria è molto umida e afosa.
谐音 拉哩阿 爱 摸了多 捂咪搭 唉 阿佛撒
中文 空气闷热湿润。

意语 Fa freddissimo.
谐音 发 夫来第丝衣摸/爱 夫来第丝衣摸
中文 天气非常冷。

意语 Fuori tutto è gelato.
谐音 夫噢哩 嘟多 爱 接拉多
中文 外面到处都结冰了。

意语 Fa fresco.
谐音 发 弗赖斯可
中文 天气很凉。

意语 Il cielo è nuvoloso, penso che pioverà.
谐音 意了 切啰 爱 怒喔啰丝噢 笨丝噢 开 逼噢歪辣
中文 天空乌云密布,我想快要下雨了。

意语 Secondo le previsioni del tempo, domani nevicherà.
谐音 塞空多 来 不来呜衣兹衣噢你 呆了 丹波 多妈你 奈呜衣开辣
中文 根据天气预报,明天下雪。

8. 问时间

意语 Che ora è?
谐音 开 噢拉 爱
中文 几点了?

意语 E' l'una.
谐音 爱 路呐
中文 现在一点。

意语 Sono le cinque.
谐音 索诺 来 亲乖/七了咖 来 喏歪
中文 现在五点。

意语 A che ora ci vediamo?
谐音 阿 开 噢拉 七 歪滴阿摸
中文 我们几点见?

意语 Che giorno è oggi?
谐音 开 之奥了诺 爱 奥积
中文 今天星期几?

意语 Oggi è lunedì.
谐音 奥积 爱 掳奈第/歪奈了第
中文 今天周一。

意语	Quanti ne abbiamo oggi?
谐音	瓜嗯滴 奈 阿逼阿摸 奥积
中文	今天几号?

意语	Oggi è il primo ottobre.
谐音	奥积 爱 意了 不力摸 噢多不来
中文	今天是10月1日。

9. 谈论兴趣爱好

意语	Che cosa fai nel tempo libero?
谐音	开 靠撒 发衣 奈了 丹波 力呗啰
中文	你闲暇时都做什么啊?

意语	Cosa ti piace di più?
谐音	靠撒 滴 逼阿切 滴 逼又
中文	你最喜欢什么?

常用表达篇

> 意语 Ho interesse per i viaggi.
> 谐音 噢 因呆来塞 呗了 衣 呜衣阿积
> 中文 我喜欢旅行。

> 意语 Sono molto appassionato di musica.
> 谐音 索诺 摸了多 阿巴丝衣噢呐多 第 木丝衣咖
> 中文 我非常热爱音乐。

> 意语 Ti piace lo sport?
> 谐音 滴 逼阿切 啰 丝波了特
> 中文 你喜欢体育吗?

> 意语 Sì, molto.
> 谐音 丝意 摸了多
> 中文 非常喜欢。

> 意语 Quali sport ti piacciono?
> 谐音 瓜哩 丝波了特 滴 逼阿七噢喏
> 中文 你喜欢哪些运动?

意语 Ma tanti, il tennis, la pallacanestro, il badminton…
谐音 妈 搭嗯滴 意了 呆你丝 拉 巴拉咖奈丝的啰 意了 败的民腾
中文 很多啊,网球、篮球、羽毛球……

意语 Mi piace viaggiare perché viaggiare allarga i miei orizzonti.
谐音 咪 逼阿切 呜衣阿加来 呗了开 呜衣阿加来 阿拉了嘎 衣 米埃衣 噢哩自噢嗯滴
中文 我爱旅行,因为旅行开阔我的眼界。

10. 打电话

意语 Voglio fare una telefonata.
谐音 沃里奥 发勒 乌那 待勒弗那嗒
中文 我想打一通电话。

> 意语 Posso fare il numero direttamente?
> 谐音 波索 发勒 衣了 怒麦罗 第赖嗒闷待
> 中文 我可以直接拨号吗?

> 意语 Dov'è una cabina telefonica?
> 谐音 多歪 乌那 卡比那 待赖弗尼卡
> 中文 哪里有电话亭?

> 意语 Pronto!
> 谐音 普隆多
> 中文 喂!

> 意语 C'è il Signor Rossi, per favore?
> 谐音 赤艾 衣了 斯一乌了 罗斯一 呗了 发喔嘞
> 中文 请问罗西先生在吗?

> 意语 Mi dispiace, adesso non c'è.
> 谐音 米 第斯比阿赤艾 阿戴索 弄赤艾
> 中文 很抱歉,他现在不在。

意语 Chi parla, per favore?
谐音 可一 巴了拉 呗了 发喔嘞
中文 请问是哪位?

意语 Qui parla la Signora Marini.
谐音 库一 巴了拉 拉 斯一鸟拉 马里尼
中文 我是马里尼女士。

意语 Posso lasciargli un messaggio?
谐音 波索 拉沙了里 呜恩 麦萨州
中文 我可以给他留言吗?

意语 Potrebbe farmi richiamare?
谐音 波特勒呗 发了米 里可一阿马勒
中文 可以(让他)给我回电话吗?

意语 Quando posso richiamarlo?
谐音 框多 波索 里可一阿马了洛
中文 我什么时候可以再打给他?

> 意语 Il telefono non funziona.
> 谐音 衣了 待赖佛诺 弄 风次一奥那
> 中文 电话坏了。

> 意语 La linea è occupata.
> 谐音 拉 立耐阿 唉 奥库巴嗒
> 中文 占线。

> 意语 Si è interrotta la linea.
> 谐音 斯一 唉 因待罗嗒 拉 立耐阿
> 中文 电话断了。

> 意语 Può parlare a voce più alta?
> 谐音 波 巴了拉勒 阿 喔赤艾 比乌 阿了嗒
> 中文 您可以再大点声说吗?

> 意语 Non sento bene.
> 谐音 弄 森多 拜内
> 中文 我听不清。

马上开口说意大利语

意语 Proverò a chiamare più tardi.

谐音 普罗歪洛 阿 可一阿马勒 比乌 嗒了第

中文 我晚点再打来。

三　商旅必备篇

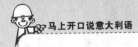

1. 询价

意语 Quanto vuole ordinare?
谐音 框多 唔哦赖 哦了滴呐赖
中文 您想订多少?

意语 Può fare uno sconto?
谐音 不哦 发赖 呜喏 丝控多
中文 可以减价吗?

意语 Ho visto i vostri prodotti.
谐音 噢 微丝多 依 喔丝得一 不咯多滴
中文 我看了你们的产品。

意语 Sono molto interessato ai vostri prodotti.
谐音 索诺 摸了多 应呆赖洒多 阿依 喔丝得一 不咯多滴
中文 我对你们的产品感兴趣。

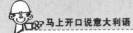

意语 Ecco il nostro catalogo.
谐音 诶靠 意了 喏丝多 咖搭啰高
中文 这是我们的商品目录。

意语 Vorrei delle informazioni.
谐音 喔嘞衣 待勒 因佛了马次一奥内
中文 我需要了解一些信息。

意语 Vorrei una quotazione CIF.
谐音 喔嘞衣 呜哪 锅搭次哟奈 气芙
中文 我想知道到岸价。

2. 报价

意语 Abbiamo pronta l'offerta.
谐音 阿哔阿摸 不笼搭 咯飞了搭
中文 我们已准备好报价。

意语 L'offerta è valida entro 5 giorni.
谐音 咯飞了搭 诶 挖哩搭 嗯得倏 亲乖 捉了你
中文 报价5天有效。

意语 Le facciamo il 5% di sconto.
谐音 赖 发气阿摸 意了 亲乖 被了欠多 滴 丝空多
中文 我们给您5%的折扣。

意语 Questa è la mia ultima offerta.
谐音 乖丝搭 唉 拉 米阿 乌了第马 哦费了嗒
中文 这是我的最终报价。

意语 Può aumentare l'ordinativo?
谐音 不哦 阿呜门搭赖 咯了滴那滴喔
中文 能增加订货吗?

意语 A quali condizioni c'è lo sconto?
谐音 阿 瓜里 空滴次哟奈 赤艾 咯 丝空多
中文 什么条件下给折扣?

意语 A condizione che il pagamento avvenga entro 12 giorni.
谐音 阿 空滴次哟奈 开 意了 巴噶门多 阿闻噶 多滴气 捉了你
中文 以12天内付款为条件。

意语 I prezzi comprendono l'imballaggio?
谐音 衣 不赖滋 空不诶嗯多喏 临扒拉捉
中文 报价包括包装费吗?

意语 I prezzi sono saliti dappertutto.
谐音 衣 不赖滋 索诺 撒哩滴 搭呗儿嘟多
中文 到处都涨价了。

3. 订货

意语 La ringraziamo per la Sua offerta.
谐音 拉 日拎隔拉滋阿摸 被了 拉 缩啊 噢飞了搭
中文 谢谢您的报价。

意语 Ordiniamo i seguenti prodotti.
谐音 噢了滴你阿摸 衣 塞滚滴 不咯多滴
中文 我们订以下产品。

意语 Si prega di effettuare la consegna immediatamente.
谐音 丝 不类嘎 滴 诶费嘟阿赖 拉 空塞(你啊) 衣麦滴阿搭门呆
中文 请及时交货。

意语 Potete inviarci oggi stesso la merce?
谐音 波待待 因为阿了赤一 奥直一 拉 麦了赤艾
中文 你们可以今天就发货吗?

意语 La ringrazio per l'ordine.
谐音 拉 令格拉次一奥 呗了 劳了第内
中文 感谢您的订单。

意语 La qualità non ci soddisfa.
谐音 拉 瓜哩搭 弄 气 缩滴丝发
中文 质量不符合要求。

4. 撤销订货

> **意语** Può cancellare questi articoli?
> **谐音** 不哦 甘切拉赖 乖丝滴 阿了滴阔里
> **中文** 可以取消这些产品吗?

> **意语** Non possiamo accettare l'ordine.
> **谐音** 弄 波丝阿摸 阿切搭赖 咯了滴呢
> **中文** 我们不能接受订货。

> **意语** I prezzi non sono più validi.
> **谐音** 衣 不赖滋 弄 索诺 毕呜 挖哩滴
> **中文** 价格已失效。

> **意语** La produzione è stata tutta venduta.
> **谐音** 拉 不咯嘟次哟奈 诶 丝搭搭 嘟搭 闻嘟搭
> **中文** 产品已售完。

> 意语 Dobbiamo annullare l'ordine.
> 谐音 多哔阿摸 阿喏拉赖 咯了滴呢
> 中文 我们取消订货。

> 意语 Chiediamo la Sua comprensione.
> 谐音 克一诶滴阿摸 拉 缩阿 空不人丝哦奈
> 中文 我们希望您能理解。

5. 确认

> 意语 Mi va bene.
> 谐音 米 哇 拜内
> 中文 我觉得可以。

> 意语 Bene, accetto il suo suggerimento.
> 谐音 拜内 阿赤艾多 衣了 苏哦 苏择里门多
> 中文 好,我接受您的建议。

意语 Sono d'accordo per lo sconto che chiedete.
谐音 索诺 嗒靠了多 呗了 咯 斯空多 开 可一耶待待
中文 我同意你们提出的折扣。

意语 Non c'è problema.
谐音 弄 赤艾 普洛卜赖马
中文 没问题。

意语 La spedizione è arrivata.
谐音 拉 丝呗滴次哟奈 诶 阿哩挖搭
中文 货物已寄到。

意语 Siamo contenti della fornitura.
谐音 丝阿摸 空丹滴 呆拉 佛了你嘟拉
中文 我们对供货很满意。

6. 索赔

意语 La merce non corrisponde al campione.
谐音 拉 么了切 弄 阔哩丝崩呆 阿了 干哗哦内
中文 产品与样品不符。

意语 La fornitura non è completa.
谐音 拉佛了你嘟拉 弄 诶 空不赖搭
中文 供货不全。

意语 Non abbiamo ancora ricevuto nulla.
谐音 弄 阿比阿莫 昂阔拉 里赤艾乌多 怒拉
中文 我们还没有收到任何(货品)。

意语 La merce è danneggiata.
谐音 拉 么了切 诶 搭内夹搭
中文 产品受损了。

意语 Mancano 50 pezzi.
谐音 芒卡诺 赤因框嗒 拜字一
中文 缺少50件。

意语 Credo che ci sia un errore.
谐音 可赖多 开 赤一 斯一阿 呜恩 唉罗勒
中文 我认为出现了差错。

意语 Chiediamo un risarcimento dei danni.
谐音 可一诶滴阿摸 呜嗯 哩撒了气门多 呆衣 搭你
中文 我们要求赔偿损失。

意语 Non si preoccupi.
谐音 弄 斯一 普赖奥库比
中文 请您不要担心。

意语 Ci penso io.
谐音 赤一 半嗯索 依哦
中文 我会来处理。

7. 包装

意语 Può dirmi com'è stata imballata e confezionata questa partitia?
谐音 不哦 滴了米 阔诶 丝搭搭 因母把拉搭 诶 空飞次哟那搭 乖丝搭 八了滴搭
中文 您能谈谈这批货物的包装方式吗?

意语 Ha qualche campione con Lei?
谐音 阿 瓜了开 干比哦呐 空 雷衣
中文 您这儿有样品吗?

意语 Vorrei dare un'occhiata al confezionamento interno.
谐音 喔嘞衣 搭赖 呜嗯 哦(克一)阿搭 阿了 空飞次哟呐门多 因待了喏
中文 我想看看内包装。

意语	Per quanto riguarda l'imballaggio esterno di trasporto?
谐音	被了 框多 哩瓜了搭 拎吧拉捉 诶丝呆了喏 滴 得拉丝波了多
中文	运输的外包装怎么样?

8. 在旅行社

意语	Vorrei qualche informazione.
谐音	喔嘞衣 瓜了凯 因佛了吗次哟奈
中文	我想咨询。

意语	Avete il programma di viaggio?
谐音	阿胃呆 意了 不咯歌拉马 滴 威阿捉
中文	你们有旅游计划吗?

意语	Quanto costa il viaggio?
谐音	框多 考丝搭 意了 威阿捉
中文	这次旅行打算花费多少钱?

意语 Sono compresi i biglietti d'entrata?
谐音 索诺 空不赖滋 衣 哔哩耶滴 滴 恩得阿搭
中文 包括门票吗?

意语 Da dove si parte?
谐音 搭 多威 丝 拔了呆
中文 从哪儿出发?

意语 Avrò bisogno di una macchina.
谐音 阿乌洛 比索鸟 第 乌那 马可一那
中文 我需要一辆车。

意语 Cosa devo portare?
谐音 阔撒 呆喔 波了搭赖
中文 我需要带些什么?

意语 Buon viaggio!
谐音 不恩 威阿捉
中文 旅途愉快!

9. 约见

意语 Vorrei passare a trovarla.
谐音 喔嘞衣 巴萨勒 阿 特罗哇了拉
中文 我想来拜访您。

意语 Le va bene lunedì alle 9?
谐音 勒 哇 拜内 路内第 阿勒 诺维
中文 周一9点您方便吗?

意语 Preferirei al pomeriggio.
谐音 普赖费里勒衣 阿了 波麦里州
中文 我倾向于(安排在)下午。

意语 Che giorno le andrebbe bene?
谐音 开 卓了诺 勒 昂的赖拜 拜内
中文 哪天您方便?

意语 Sarò felice di incontrarla.
谐音 萨洛 费立赤艾 第 因空特拉了拉
中文 我将很高兴和您会面。

意语 Vorrei rimandare il nostro appuntamento.
谐音 喔嘞衣 里可一阿马勒 衣了 诺斯特罗 阿布恩嗒门多
中文 我想推迟我们的约见。

意语 Vorrei anticipare il nostro appuntamento.
谐音 喔嘞衣 昂第赤一巴勒 衣了 诺斯特罗 阿布恩嗒门多
中文 我想提前我们的约见。

意语 Sarò a Milano il 7 agosto.
谐音 萨洛 阿 米拉诺 衣了 塞待 阿高斯多
中文 我8月7号会在米兰。

意语 Sarò da voi verso le 10.
谐音 萨洛 嗒 喔衣 歪了索 勒 第耶赤一
中文 我 10 点左右会到你们那里。

意语 Saremo lieti di riceverLa nei nostri uffici.
谐音 萨勒莫 列第 第 里赤艾未了拉 内一 诺斯特里 乌菲赤一
中文 我们将很高兴在我们办公室会见您。

意语 Benvenuto!
谐音 般恩威怒多
中文 欢迎到来!

意语 Piacere!
谐音 比阿赤艾勒
中文 很高兴(见到您)!

意语 Prego, si accomodi.
谐音 普赖够 斯一 阿靠莫第
中文 请坐。

>意语 Posso offrirle un caffè?
>谐音 波索 奥弗里了勒 呜恩 卡费
>中文 您需要一杯咖啡吗?

>意语 Ecco il mio biglietto da visita.
>谐音 唉阔 衣了 米哦 比列多 嗒 维斯—嗒
>中文 这是我的名片。

>意语 Il viaggio è andato bene?
>谐音 衣了 维阿州 唉 昂嗒多 拜内
>中文 旅途一切顺利吗?

>意语 Vorrei dire due parole.
>谐音 喔嘞衣 第勒 度维 巴洛勒
>中文 我想说几句。

>意语 Mi ha fatto piacere incontrarla.
>谐音 米 阿 发多 比阿赤艾勒 因空特拉了拉
>中文 和您会见很高兴。

意语 La ringrazio della sua visita.

谐音 拉 令格拉次—奥 待拉 苏阿 维斯—嗒

中文 感谢您的拜访。

四　　常用单词篇

1. 数字

意语 uno
谐音 呜诺
中文 一

意语 due
谐音 嘟诶
中文 二

意语 tre
谐音 的嘞
中文 三

意语 quattro
谐音 瓜的啰
中文 四

意语	cinque
谐音	亲乖
中文	五

意语	sei
谐音	赛衣
中文	六

意语	sette
谐音	赛呆
中文	七

意语	otto
谐音	噢多
中文	八

意语	nove
谐音	诺歪
中文	九

意语 dieci
谐音 爹七
中文 十

意语 undici
谐音 呜恩滴七
中文 十一

意语 dodici
谐音 多滴七
中文 十二

意语 tredici
谐音 的嘞滴七
中文 十三

意语 quattordici
谐音 瓜的啰滴七
中文 十四

意语 quindici
谐音 估印滴七
中文 十五

意语 sedici
谐音 赛滴七
中文 十六

意语 diciassette
谐音 滴掐赛呆
中文 十七

意语 diciotto
谐音 滴七噢多
中文 十八

意语 diciannove
谐音 滴掐诺歪
中文 十九

>意语 venti
>谐音 万滴
>中文 二十

>意语 ventuno
>谐音 万嘟诺
>中文 二十一

>意语 ventidue
>谐音 万滴嘟诶
>中文 二十二

>意语 ventitre
>谐音 万滴的嘞
>中文 二十三

>意语 ventotto
>谐音 万多多
>中文 二十八

意语 trenta
谐音 的兰搭
中文 三十

意语 quaranta
谐音 瓜浪搭
中文 四十

意语 cinquanta
谐音 亲光搭
中文 五十

意语 sessanta
谐音 塞桑搭
中文 六十

意语 settanta
谐音 塞当搭
中文 七十

意语 ottanta
谐音 噢当搭
中文 八十

意语 novanta
谐音 诺旺搭
中文 九十

意语 cento
谐音 欠多
中文 一百

意语 cento e uno
谐音 欠多 诶 呜诺
中文 一百零一

意语 mille
谐音 咪嘞
中文 一千

意语 duemila
谐音 嘟诶咪拉
中文 两千

意语 diecimila
谐音 爹七咪拉
中文 一万

意语 centomila
谐音 欠多咪拉
中文 十万

意语 un milione
谐音 呜嗯 咪聊奈
中文 一百万

意语 dieci milioni
谐音 爹七 咪聊奈
中文 一千万

意语 cento milioni
谐音 欠多 咪聊奈
中文 一亿

意语 un miliardo
谐音 呜嗯 咪哩阿嘞多
中文 十亿

意语 primo
谐音 不哩摸
中文 第一

意语 secondo
谐音 塞空多
中文 第二

意语 terzo
谐音 呆嘞自噢
中文 第三

意语 quarto
谐音 瓜嘞多
中文 第四

意语 quinto
谐音 估印多
中文 第五

意语 sesto
谐音 塞丝多
中文 第六

意语 settimo
谐音 塞滴摸
中文 第七

意语 ottavo
谐音 噢搭握
中文 第八

> 意语 nono
> 谐音 诺诺
> 中文 第九

> 意语 decimo
> 谐音 呆七摸
> 中文 第十

2. 时间、日期

> 意语 anno
> 谐音 阿诺
> 中文 年

> 意语 quest'anno
> 谐音 乖丝搭诺
> 中文 今年

意语 l'anno scorso
谐音 拉诺 丝靠嘞缩
中文 去年

意语 l'anno prossimo
谐音 拉诺 不啰 思衣摸
中文 明年

意语 mese
谐音 卖塞
中文 月

意语 settimana
谐音 塞滴妈呐
中文 周

意语 giorno
谐音 之奥了诺
中文 日/天

意语 ora
谐音 噢拉
中文 小时

意语 minuto
谐音 咪怒多
中文 分

意语 secondo
谐音 塞空多
中文 秒

意语 oggi
谐音 噢积
中文 今天

意语 ieri
谐音 耶哩
中文 昨天

意语 domani
谐音 多妈你
中文 明天

意语 mattina
谐音 妈滴呐
中文 早晨

意语 mezzogiorno
谐音 卖自噢 之奥了诺
中文 正午,中午

意语 pomeriggio
谐音 啵卖哩积噢
中文 下午

意语 sera
谐音 塞拉
中文 晚上

意语 notte
谐音 诺呆
中文 夜里

意语 lunedì
谐音 掳奈弟
中文 周一

意语 martedì
谐音 妈嘞呆弟
中文 周二

意语 mercoledì
谐音 卖嘞靠嘞弟
中文 周三

意语 giovedì
谐音 积噢歪弟
中文 周四

意语 venerdì
谐音 歪奈嘞弟
中文 周五

意语 sabato
谐音 撒巴多
中文 周六

意语 domenica
谐音 多卖你咖
中文 周日

3. 季节、月份

意语 stagione
谐音 丝搭捉奈
中文 季节

>意语 primavera
>谐音 不哩妈歪拉
>中文 春天

>意语 estate
>谐音 诶丝搭呆
>中文 夏天

>意语 autunno
>谐音 阿呜嘟诺
>中文 秋天

>意语 inverno
>谐音 印歪嘞诺
>中文 冬天

>意语 gennaio
>谐音 接呐衣噢
>中文 一月

意语 febbraio
谐音 夫诶不拉衣噢
中文 二月

意语 marzo
谐音 妈嘞自噢
中文 三月

意语 aprile
谐音 阿不哩嘞
中文 四月

意语 maggio
谐音 妈积噢
中文 五月

意语 giugno
谐音 诸诺
中文 六月

意语 luglio
谐音 掳衣噢
中文 七月

意语 agosto
谐音 阿高丝多
中文 八月

意语 settembre
谐音 塞呆母不嘞
中文 九月

意语 ottobre
谐音 噢多不嘞
中文 十月

意语 novembre
谐音 诺歪母不嘞
中文 十一月

> 意语 dicembre
> 谐音 滴欠不嘞
> 中文 十二月

4. 颜色

> 意语 colore
> 谐音 靠啰嘞
> 中文 颜色

> 意语 rosso
> 谐音 啰缩
> 中文 红

> 意语 blu
> 谐音 不露
> 中文 蓝色

意语 giallo
谐音 加啰
中文 黄色

意语 verde
谐音 歪嘞呆
中文 绿色

意语 arancione
谐音 阿浪七噢奈
中文 橘色

意语 viola
谐音 微噢拉
中文 紫色

意语 bianco
谐音 逼昂靠
中文 白色

意语	nero
谐音	奈啰
中文	黑色

意语	grigio
谐音	哥哩捉
中文	灰色

意语	rosa
谐音	啰撒
中文	粉色

意语	marrone
谐音	妈啰奈
中文	褐色

5. 动物

> **意语** animale
> **谐音** 阿你妈嘞
> **中文** 动物

> **意语** coniglio
> **谐音** 靠你衣噢
> **中文** 兔子

> **意语** topo
> **谐音** 多啵
> **中文** 老鼠

> **意语** cane
> **谐音** 嘎奈
> **中文** 狗

意语	gatto
谐音	嘎多
中文	猫

意语	lupo
谐音	捋啵
中文	狼

意语	volpe
谐音	握嘞呗
中文	狐狸

意语	leone
谐音	嘞噢奈
中文	狮子

意语	scimmia
谐音	西咪阿
中文	猴子

意语 delfino
谐音 呆嘞夫衣诺
中文 海豚

意语 balena
谐音 巴嘞呐
中文 鲸

意语 cervo
谐音 切了握
中文 鹿

意语 elefante
谐音 诶嘞放呆
中文 象

意语 gorilla
谐音 高哩拉
中文 猩猩

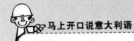

意语	koala
谐音	靠阿拉
中文	考拉

意语	tigre
谐音	滴哥嘞
中文	虎

意语	zebra
谐音	自诶不拉
中文	斑马

意语	giraffa
谐音	积拉发
中文	长颈鹿

意语	cammello
谐音	嘎卖啰
中文	骆驼

> **意语** canguro
> **谐音** 肝估啰
> **中文** 袋鼠

> **意语** orso
> **谐音** 噢嘞缩
> **中文** 熊

> **意语** panda
> **谐音** 棒搭
> **中文** 熊猫

> **意语** pesce
> **谐音** 呗歇
> **中文** 鱼

> **意语** cavallo
> **谐音** 嘎挖啰
> **中文** 马

意语	asino
谐音	阿丝衣诺
中文	驴

意语	anatra
谐音	阿呐的拉
中文	鸭子

意语	gallo
谐音	嘎啰
中文	公鸡

意语	gallina
谐音	嘎哩呐
中文	母鸡

意语	oca
谐音	噢嘎
中文	鹅

意语 tartaruga
谐音 搭嘞搭捋嘎
中文 乌龟

意语 serpente
谐音 塞嘞班呆
中文 蛇

意语 rondine
谐音 隆滴奈
中文 燕子

意语 rana
谐音 拉呐
中文 青蛙

意语 formica
谐音 佛嘞咪嘎
中文 蚂蚁

意语	bue
谐音	不诶
中文	牛

意语	capra
谐音	嘎不拉
中文	山羊

意语	pecora
谐音	呗靠拉
中文	绵羊

意语	maiale
谐音	妈呀嘞
中文	猪

意语	farfalla
谐音	发嘞发拉
中文	蝴蝶

意语 mosca
谐音 摸丝咖
中文 苍蝇

意语 zanzara
谐音 脏咋拉
中文 蚊子

意语 ape
谐音 阿呗
中文 蜜蜂

6. 植物

意语 dente di leone
谐音 单呆 滴 嘞噢奈
中文 蒲公英

意语	margherita
谐音	妈嘞哥诶哩搭
中文	雏菊

意语	cactus
谐音	嘎可嘟丝
中文	仙人掌

意语	gelsomino
谐音	接嘞缩咪诺
中文	茉莉

意语	rosa
谐音	啰撒
中文	玫瑰

意语	giglio
谐音	积衣噢
中文	百合

意语 narciso
谐音 呐嘞七缩
中文 水仙花

意语 orchidea
谐音 噢嘞可衣呆阿
中文 兰花

意语 peonia
谐音 呗噢你阿
中文 牡丹

意语 papavero
谐音 巴巴歪啰
中文 罂粟

意语 tulipano
谐音 嘟哩巴诺
中文 郁金香

意语 girasole
谐音 积拉缩嘞
中文 向日葵

意语 pino
谐音 逼诺
中文 松树

意语 bambù
谐音 班不
中文 竹子

意语 salice
谐音 撒哩切
中文 柳树

意语 betulla
谐音 呗嘟拉
中文 白桦

意语 acero
谐音 阿切啰
中文 枫树

意语 sequoia
谐音 塞锅衣阿
中文 红杉

意语 abete
谐音 阿呗呆
中文 冷杉

意语 quercia
谐音 乖嘞掐
中文 橡树

意语 cocco
谐音 靠靠
中文 椰子树

意语	palma
谐音	巴嘞妈
中文	棕榈树

意语	canfora
谐音	刚佛拉
中文	樟树

意语	albero
谐音	阿嘞呗啰
中文	树

意语	fiore
谐音	夫衣噢嘞
中文	花

意语	erba
谐音	诶嘞巴
中文	草

7. 食品

意语 verdura
谐音 歪嘞嘟拉
中文 蔬菜

意语 pomodoro
谐音 啵摸多啰
中文 番茄

意语 cetriolo
谐音 切的哩噢啰
中文 黄瓜

意语 melanzana
谐音 卖浪咋呐
中文 茄子

意语 patata
谐音 吧搭搭
中文 土豆

意语 igname
谐音 衣你阿卖
中文 山药

意语 carota
谐音 嘎啰搭
中文 胡萝卜

意语 cavolfiore
谐音 嘎握嘞夫衣噢嘞
中文 花椰菜,菜花

意语 cavolo
谐音 嘎握啰
中文 卷心菜

意语 lattuga
谐音 拉嘟嘎
中文 莴苣

意语 sedano
谐音 塞搭诺
中文 芹菜

意语 spinaci
谐音 丝逼呐七
中文 菠菜

意语 funghi
谐音 夫恩 哥衣
中文 蘑菇

意语 fava
谐音 发挖
中文 蚕豆

意语	pisello
谐音	逼塞啰
中文	豌豆

意语	zucca
谐音	租咖
中文	南瓜

意语	pepe
谐音	呗呗
中文	胡椒

意语	peperoncino
谐音	呗呗隆七诺
中文	辣椒

意语	aglio
谐音	阿衣噢
中文	大蒜

意语	cipolla
谐音	七啵拉
中文	洋葱

意语	zenzero
谐音	赞赞啰
中文	姜

意语	frutta
谐音	夫掳达
中文	水果

意语	mela
谐音	卖拉
中文	苹果

意语	pera
谐音	呗拉
中文	梨子

意语	uva
谐音	呜挖
中文	葡萄

意语	pesca
谐音	呗丝嘎
中文	桃子

意语	ciliegia
谐音	七列加
中文	樱桃

意语	prugna
谐音	不掳你阿
中文	李子

意语	albicocca
谐音	阿嘞逼靠咖
中文	杏

- **意语** melone
- **谐音** 卖隆奈
- **中文** 蜜瓜

- **意语** fragola
- **谐音** 夫拉高拉
- **中文** 草莓

- **意语** limone
- **谐音** 哩摸奈
- **中文** 柠檬

- **意语** mango
- **谐音** 忙高
- **中文** 芒果

- **意语** kiwi
- **谐音** 可衣微
- **中文** 猕猴桃

意语	banana
谐音	巴呐呐
中文	香蕉

意语	ananas
谐音	阿呐呐丝
中文	菠萝

意语	olio d'oliva
谐音	噢哩噢 多哩挖
中文	橄榄油

意语	miele
谐音	灭嘞
中文	蜂蜜

意语	aceto
谐音	阿切多
中文	醋

> 意语 uova
> 谐音 握挖
> 中文 鸡蛋

> 意语 formaggio
> 谐音 佛嘞妈捉
> 中文 奶酪

> 意语 yogurt
> 谐音 哟古特
> 中文 酸奶

> 意语 panna
> 谐音 巴呐
> 中文 奶油

> 意语 burro
> 谐音 不啰
> 中文 黄油

> 意语 latte
> 谐音 拉呆
> 中文 牛奶

> 意语 pane
> 谐音 巴奈
> 中文 面包

> 意语 dolci
> 谐音 多嘞七
> 中文 甜点

> 意语 torta
> 谐音 多嘞搭
> 中文 蛋糕

> 意语 acqua
> 谐音 阿瓜
> 中文 水

意语 caffè
谐音 嘎夫诶
中文 咖啡

意语 vino
谐音 微诺
中文 葡萄酒

意语 birra
谐音 逼拉
中文 啤酒

意语 espresso
谐音 诶丝不嘞缩
中文 意式浓缩咖啡

8. 称谓

意语 persona
谐音 呗嘞缩呐
中文 人

意语 uomo
谐音 握摸
中文 男人

意语 donna
谐音 多呐
中文 女人

意语 bambino
谐音 班逼诺
中文 小孩

> 意语 ragazzo/ragazza
> 谐音 拉嘎自噢/拉嘎咋
> 中文 男孩/女孩

> 意语 adulto
> 谐音 阿嘟嘞多
> 中文 成年人

> 意语 signora
> 谐音 丝印 你噢 拉
> 中文 女士

> 意语 signore
> 谐音 丝印 你噢 嘞
> 中文 先生

> 意语 signorina
> 谐音 丝印 你噢 哩呐
> 中文 小姐

意语	nonno
谐音	诺诺
中文	祖父

意语	nonna
谐音	诺呐
中文	祖母

意语	zio
谐音	此衣噢
中文	叔叔,伯伯,舅舅,姨夫,姑父

意语	zia
谐音	此衣阿
中文	婶婶,阿姨,舅妈,姑姑

意语	padre/papù
谐音	巴的嘞/巴巴
中文	父亲/爸爸

意语 madre/mamma
谐音 妈的嘞/妈妈
中文 母亲/妈妈

意语 cugino/cugina
谐音 哭积诺/哭积呐
中文 表兄弟/表姐妹

意语 fratello
谐音 夫拉呆啰
中文 兄弟

意语 sorella
谐音 缩嘞拉
中文 姐妹

意语 nuora
谐音 诺拉
中文 儿媳

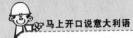

>意语 figlio/figlia
>谐音 夫衣 衣噢/夫衣 衣阿
>中文 儿子/女儿

>意语 genero
>谐音 接奈啰
>中文 女婿

>意语 nipote
>谐音 你啵呆
>中文 孙子、孙女/外甥、外甥女

>意语 marito
>谐音 妈哩多
>中文 丈夫

>意语 moglie
>谐音 摸衣诶
>中文 妻子

> 意语 cognato/cognata
> 谐音 靠你阿多/靠你阿搭
> 中文 妻(姐)妹夫/妻(姐)妹

> 意语 suocero/suocera
> 谐音 缩切啰/缩切拉
> 中文 岳父/岳母

9. 医药健康

> 意语 diarrea
> 谐音 迪阿莱阿
> 中文 腹泻

> 意语 vomito
> 谐音 沃米多
> 中文 呕吐

意语 tosse
谐音 多塞
中文 咳嗽

意语 raffreddore
谐音 拉佛莱多莱
中文 感冒

意语 febbre
谐音 菲哎布莱
中文 发烧

意语 allergia
谐音 阿莱了吉亚
中文 过敏

意语 medico
谐音 麦迪柯
中文 医生

> 意语 ospedale
> 谐音 奥斯拜达勒
> 中文 医院

> 意语 ambulanza
> 谐音 昂布浪咋
> 中文 救护车

> 意语 slogatura
> 谐音 斯洛嘎杜拉
> 中文 扭伤

> 意语 frattura
> 谐音 佛拉杜拉
> 中文 骨折

> 意语 scottatura
> 谐音 斯柯达杜拉
> 中文 晒伤

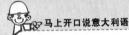

意语 cerotto
谐音 切罗多
中文 创可贴

意语 carie
谐音 卡里耶
中文 龋齿

意语 sonnifero
谐音 索尼菲洛
中文 安眠药片

意语 antibiotico
谐音 昂第比奥第柯
中文 抗生素

意语 collirio
谐音 考丽里奥
中文 眼药水

意语 disinfettante
谐音 迪斯因菲当待
中文 消毒药水

意语 lassativo
谐音 拉萨第沃
中文 泻剂/便秘药

意语 sciroppo per la tosse
谐音 舍一洛波 呗了 拉 多塞
中文 止咳糖浆

意语 termometro
谐音 待了莫麦特洛
中文 体温计

10. 度量衡

意语 metro
谐音 麦特洛
中文 米

意语 centimetro
谐音 缠第麦特洛
中文 厘米

意语 chilometro
谐音 可一洛麦特洛
中文 千米

意语 grammo
谐音 格拉莫
中文 克

意语 chilogrammo
谐音 可一洛格拉莫
中文 千克

意语 tonnellata
谐音 多乃拉达
中文 吨

意语 litro
谐音 力特罗
中文 升

意语 millilitro
谐音 米利力特罗
中文 毫升

11. 日常词汇

>意语 su
>谐音 苏
>中文 上

>意语 giù
>谐音 诸
>中文 下

>意语 destra
>谐音 呆丝的拉
>中文 右

>意语 sinistra
>谐音 丝衣你丝的拉
>中文 左

意语 davanti
谐音 搭旺滴
中文 在前面

意语 di fronte
谐音 滴 夫隆呆
中文 对面

意语 dietro
谐音 爹的啰
中文 后面

意语 sopra
谐音 缩不拉
中文 在上面

意语 sotto
谐音 缩多
中文 在下面

意语 vestito
谐音 歪丝滴多
中文 衣服,连衣裙

意语 giacca
谐音 加咖
中文 上装

意语 pantaloni
谐音 班搭啰你
中文 裤子

意语 cappotto
谐音 嘎啵多
中文 外套

意语 blazer
谐音 不拉自诶嘞
中文 休闲上衣

意语 camicia
谐音 嘎咪掐
中文 衬衣

意语 gilet
谐音 积嘞的
中文 马甲

意语 maglione
谐音 妈衣噢奈
中文 毛衣

意语 pigiama
谐音 逼加妈
中文 睡衣

意语 calzoncini
谐音 嘎嘞宗七你
中文 短裤

意语	slip
谐音	丝哩不
中文	三角内裤

意语	casual
谐音	嘎苏啊嘞
中文	便装

意语	abito
谐音	阿逼多
中文	西装

意语	gonna
谐音	高呐
中文	半身裙

意语	maglietta
谐音	妈耶搭
中文	T恤衫

意语 tuta
谐音 嘟搭
中文 运动服

意语 calzini
谐音 嘎嘞滋衣你
中文 袜子

意语 scarpe
谐音 丝嘎嘞呗
中文 鞋子

意语 reggiseno
谐音 嘞积塞诺
中文 胸罩

意语 cappello
谐音 嘎呗啰
中文 礼帽

意语 berretto
谐音 呗嘞多
中文 鸭舌帽

意语 sciarpa
谐音 下嘞巴
中文 围巾,披巾

意语 ombrello
谐音 噢恩不嘞啰
中文 伞

意语 guanti
谐音 光滴
中文 手套

意语 fazzoletto
谐音 发自噢嘞多
中文 手帕

>意语 collana
>谐音 靠拉呐
>中文 项链

>意语 bracciale
>谐音 不拉掐嘞
>中文 手镯

>意语 anello
>谐音 阿奈啰
>中文 戒指

>意语 orologio da polso
>谐音 噢啰啰积噢 搭 啵嘞缩
>中文 手表

>意语 portafoglio
>谐音 啵嘞搭佛衣噢
>中文 钱夹

意语	borsa
谐音	啵嘞撒
中文	包

意语	zaino
谐音	咋衣诺
中文	背包

意语	valigetta
谐音	挖哩接搭
中文	公文包

意语	sacca da viaggio
谐音	撒咖 搭 微呀 积噢
中文	旅行袋

意语	scarpa da ginnastica
谐音	丝嘎嘞巴 搭 积呐丝滴咖
中文	运动鞋

> 意语 scarpa con il tacco alto
> 谐音 丝嘎嘞巴 空 衣了 搭靠 阿嘞多
> 中文 高跟鞋

> 意语 sandalo
> 谐音 丝刚搭啰
> 中文 凉鞋

> 意语 scarpa di cuoio
> 谐音 丝嘎嘞巴 滴 阔衣噢
> 中文 皮鞋

> 意语 ciabatta
> 谐音 掐巴搭
> 中文 拖鞋

> 意语 pettine
> 谐音 呗滴奈
> 中文 梳子

意语	asciugacapelli
谐音	阿咻嘎嘎呗哩
中文	吹风机

意语	shampoo
谐音	香不
中文	洗发水

意语	balsamo
谐音	巴嘞撒摸
中文	护发素

意语	lacca
谐音	拉嘎
中文	定型水

意语	forbici
谐音	佛嘞逼七
中文	剪刀

意语 cerchietto
谐音 切嘞可耶多
中文 发箍

意语 molletta
谐音 摸嘞搭
中文 发卡

意语 nastro
谐音 呐丝的啰
中文 丝带

意语 lozione tonificante
谐音 啰次哟奈 多你夫衣刚呆
中文 爽肤水

意语 profumo
谐音 不啰夫摸
中文 香水

> 意语 mal di testa
> 谐音 妈嘞 滴 呆丝搭
> 中文 头痛

> 意语 febbre
> 谐音 夫诶不嘞
> 中文 发烧

> 意语 tosse
> 谐音 多塞
> 中文 咳嗽

> 意语 raffreddore
> 谐音 拉夫嘞多嘞
> 中文 感冒

> 意语 tavolo
> 谐音 搭握啰
> 中文 桌子

意语 sedia
谐音 塞哆
中文 椅子

意语 tazza
谐音 搭咋
中文 杯子

意语 letto
谐音 嘞多
中文 床

意语 specchio
谐音 丝呗可衣噢
中文 镜子

意语 spazzolino da denti
谐音 丝巴自噢哩诺 搭 单滴
中文 牙刷

> 意语 dentifricio
> 谐音 单滴夫哩 七噢
> 中文 牙膏

> 意语 crema per il viso
> 谐音 可嘞妈 呗嘞 意了 微衣缩
> 中文 面霜

> 意语 asciugamano
> 谐音 阿咻嘎妈诺
> 中文 毛巾

> 意语 spolverino
> 谐音 丝啵嘞歪哩诺
> 中文 掸子,去尘刷

> 意语 spazzola
> 谐音 丝巴自噢拉
> 中文 短柄扫帚

意语 telefono
谐音 呆嘞佛诺
中文 电话

意语 crema schermo
谐音 可嘞妈 丝开嘞摸
中文 防晒霜

意语 sigaretta
谐音 丝嘎嘞搭
中文 香烟

12. 运动休闲

意语 calcio
谐音 嘎嘞七噢
中文 足球

意语 pallacanestro
谐音 巴拉嘎奈丝的啰
中文 篮球

意语 pallavolo
谐音 巴拉握啰
中文 排球

意语 baseball
谐音 被丝包
中文 棒球

意语 tennis
谐音 呆你丝
中文 网球

意语 badminton
谐音 巴的民东
中文 羽毛球

意语 ping pong
谐音 宾彭
中文 乒乓球

意语 golf
谐音 高嘞佛
中文 高尔夫球

意语 biliardo
谐音 逼哩阿嘞多
中文 台球

意语 nuoto
谐音 努噢多
中文 游泳

意语 salto in alto
谐音 撒嘞多 印 阿嘞多
中文 跳高

意语 salto in lungo
谐音 撒嘞多 印龙高
中文 跳远

意语 judo
谐音 衣鸣多
中文 柔道

意语 cantare
谐音 干搭嘞
中文 唱歌

意语 ballare
谐音 巴拉嘞
中文 跳舞

意语 yoga
谐音 哟嘎
中文 瑜伽

> 意语 pesca
> 谐音 呗丝嘎
> 中文 钓鱼

> 意语 sci
> 谐音 西
> 中文 滑雪

> 意语 palestra
> 谐音 巴嘞丝的拉
> 中文 健身房

> 意语 tempo
> 谐音 单啵
> 中文 时间

> 意语 passeggiata
> 谐音 巴塞加搭
> 中文 散步

13. 重要场所

意语 luogo
谐音 路奥高
中文 地方

意语 bagno
谐音 巴你噢
中文 洗手间

意语 casa
谐音 嘎撒
中文 家

意语 ufficio
谐音 呜夫衣 七噢
中文 办公室

- 意语 cinema
- 谐音 七奈妈
- 中文 电影院

- 意语 teatro
- 谐音 呆阿的啰
- 中文 剧院

- 意语 chiesa
- 谐音 <u>可衣</u>诶撒
- 中文 教堂

- 意语 fabbrica
- 谐音 发<u>不</u>哩嘎
- 中文 工厂

- 意语 porto
- 谐音 啵嘞多
- 中文 港口

意语 edificio
谐音 诶滴夫衣 七噢
中文 建筑物

意语 parco
谐音 巴嘞靠
中文 公园

意语 giardino
谐音 加嘞滴诺
中文 花园

意语 stazione
谐音 丝搭此哟奈
中文 车站

意语 supermercato
谐音 苏呗嘞卖嘞嘎多
中文 超市

意语 banca
谐音 班嘎
中文 银行

意语 questura
谐音 乖丝嘟拉
中文 警察局

意语 ufficio postale
谐音 呜夫衣 七噢 啵丝搭嘞
中文 邮局

意语 ospedale
谐音 噢丝拜搭嘞
中文 医院

意语 scuola
谐音 丝锅拉
中文 学校

意语 museo
谐音 木塞噢
中文 博物馆

意语 bar
谐音 巴嘞
中文 酒吧

意语 ristorante
谐音 哩丝多浪呆
中文 餐馆

意语 centro commerciale
谐音 欠的啰 空卖嘞掐嘞
中文 商业中心

意语 tempio
谐音 单逼噢
中文 寺庙

意语 palazzo
谐音 巴拉自噢
中文 宫殿

意语 negozio
谐音 奈高次噢
中文 商店

意语 libreria
谐音 哩不嘞哩呀
中文 书店

意语 fermata d'autobus
谐音 夫诶嘞妈搭 大傲多不丝
中文 公交站

意语 aeroporto
谐音 啊诶啰啵嘞多
中文 飞机场

意语	locanda
谐音	啰刚搭
中文	小客栈

意语	motel
谐音	莫代了
中文	汽车旅馆

意语	piscina
谐音	逼西呐
中文	游泳池

意语	stadio
谐音	丝搭滴噢
中文	体育馆

意语	campo di calcio
谐音	刚啵 滴 嘎嘞七噢
中文	足球场

意语 città
谐音 七大
中文 城市

意语 periferia
谐音 拜里夫诶哩呀
中文 郊区

4. 交通工具

意语 autobus
谐音 傲多不死
中文 公交车

意语 pullman
谐音 不了曼
中文 大客车

意语 tram
谐音 的浪木
中文 有轨电车

意语 pulmino
谐音 不嘞咪诺
中文 小型公交车

意语 navetta
谐音 呐歪搭
中文 班车

意语 bicicletta
谐音 逼七可嘞搭
中文 自行车

意语 motocicletta
谐音 摸多七可嘞搭
中文 摩托车

意语 treno
谐音 的嘞诺
中文 火车

意语 aeroplano
谐音 阿诶啰<u>不拉</u>诺
中文 飞机

意语 ferrovia
谐音 <u>夫</u>诶啰微呀
中文 铁路

意语 metro
谐音 卖的啰
中文 地铁

意语 nave
谐音 呐歪
中文 船

意语 traghetto
谐音 的拉哥诶多
中文 渡轮

意语 taxi
谐音 搭可丝衣
中文 出租车

意语 camion
谐音 嘎咪噢恩
中文 卡车

意语 elicottero
谐音 诶哩靠呆啰
中文 直升机

意语 camper
谐音 刚呗嘞
中文 野营车

意语 ambulanza
谐音 安不浪咋
中文 救护车

意语 macchina
谐音 嘛可衣拿
中文 小汽车

15. 意大利主要城市及其景点

意语 Roma
谐音 啰妈
中文 罗马

意语 Colosseo
谐音 靠啰塞噢
中文 罗马斗兽场

马上开口说意大利语

> 意语 Vaticano
> 谐音 挖滴嘎诺
> 中文 梵蒂冈

> 意语 Chiesa di San Pietro
> 谐音 可衣诶撒 滴 散 逼诶 的啰
> 中文 圣彼得大教堂

> 意语 Foro Romano
> 谐音 佛啰 啰妈诺
> 中文 古罗马广场

> 意语 Piazza di Spagna
> 谐音 逼阿咋 滴 丝巴你啊
> 中文 西班牙广场

> 意语 Pantheon
> 谐音 棒呆噢恩
> 中文 万神殿

意语 Fontana di Trevi
谐音 佛恩搭呐 滴 的嘞微
中文 少女喷泉

意语 Venezia
谐音 歪奈次衣阿
中文 威尼斯

意语 Chiesa di San Marco
谐音 可衣诶撒 滴 散 妈嘞靠
中文 圣马可大教堂

意语 Palazzo Ducale
谐音 巴拉自噢 嘟嘎嘞
中文 公爵宫

意语 Ponte dei Sospiri
谐音 啵恩呆 呆衣 缩丝逼哩
中文 叹息桥

意语 Milano
谐音 咪拉诺
中文 米兰

意语 Duomo di Milano
谐音 多摸 滴 咪拉诺
中文 米兰大教堂

意语 Teatro alla Scala
谐音 呆阿 的啰 阿拉 丝嘎拉
中文 斯卡拉歌剧院

意语 Firenze
谐音 夫衣烂自诶
中文 佛罗伦萨

意语 Chiesa di Santa Maria del Fiore
谐音 可衣诶撒 滴 散搭 妈哩呀 呆嘞 夫衣噢嘞
中文 圣母百花大教堂

意语 Gli Uffizi
谐音 依 呜夫衣 次衣
中文 乌菲齐美术馆

意语 Ponte Vecchio
谐音 啵恩呆 歪可衣噢
中文 老桥

意语 Pisa
谐音 逼撒
中文 比萨

意语 Torre di Pisa
谐音 多嘞 滴 逼撒
中文 比萨斜塔

意语 Pompei
谐音 啵恩 呗衣
中文 庞贝古城

意语 Torino
谐音 多哩诺
中文 都灵

意语 Siena
谐音 丝衣诶呐
中文 锡耶纳

意语 Perugia
谐音 呗掳加
中文 佩鲁贾

意语 Sicilia
谐音 丝衣七哩呀
中文 西西里

意语 Genova
谐音 接诺挖
中文 热那亚

意语 Napoli
谐音 呐啵哩
中文 那不勒斯

意语 Verona
谐音 歪啰呐
中文 维罗纳

16. 重要节假日

意语 Capodanno
谐音 嘎啵搭诺
中文 元旦

意语 Epifania
谐音 诶逼发你阿
中文 主显节,意大利儿童节,1月6日

意语 Festa della donna
谐音 夫诶丝搭 呆拉 多那
中文 妇女节

意语 carnevale
谐音 嘎嘞奈挖嘞
中文 狂欢节

意语 Festa della liberazione
谐音 夫诶丝搭 呆拉 哩呗拉此哟奈
中文 解放日

意语 Pasqua
谐音 巴丝瓜
中文 复活节

意语 Festa del lavoro
谐音 夫诶丝搭 呆了 拉握啰
中文 劳动节

> 意语 Festa Nazionale
> 谐音 夫诶丝搭 呐此哟呐嘞
> 中文 国庆节

> 意语 Ferragosto
> 谐音 夫诶拉嘎摸
> 中文 圣母升天节

> 意语 Ognissanti
> 谐音 噢你桑滴
> 中文 万圣节

> 意语 Natale
> 谐音 呐搭嘞
> 中文 圣诞节

> 意语 San Valentino
> 谐音 散 挖烂滴诺
> 中文 情人节

意语 Il Palio
谐音 依了 巴里噢
中文 赛马节

意语 Umbria Jazz
谐音 呜嗯不哩呀 加兹
中文 翁布里亚爵士乐节

意语 Mostra del Cinema di Venezia
谐音 摸丝的拉 呆了 七奈妈 歪奈次衣阿
中文 威尼斯电影节

17. 常见菜名

意语 insalata verde
谐音 因萨拉嗒 维了待
中文 蔬菜沙拉

意语	insalata mista
谐音	因萨拉嗒 密斯嗒
中文	什锦(荤素混合)沙拉

意语	formaggi misti
谐音	佛了吗吉 密斯蒂
中文	乳酪拼盘

意语	salumi misti
谐音	萨路米 密斯蒂
中文	火腿(腌肉)拼盘

意语	prosciutto e melone
谐音	普罗数多 哎 美罗内
中文	蜜瓜配生火腿

意语	insalata di mare
谐音	因萨拉嗒 第 骂勒
中文	海鲜沙拉

意语 crema di funghi
谐音 克来吗 第 夫翁格一
中文 蘑菇浓汤

意语 minestra di verdura
谐音 米奈斯特拉 第 歪了度拉
中文 蔬菜汤

意语 lasagne alla bolognese
谐音 拉萨涅 阿拉 波罗涅塞
中文 番茄肉酱千层面

意语 risotto di funghi
谐音 里臊多 第 夫翁格一
中文 蘑菇烩饭

意语 spaghetti alle vongole
谐音 斯巴盖蒂 阿莱 翁告莱
中文 牡蛎细面

意语 fettuccine alla carbonara
谐音 费度吃一内 阿拉 卡了包那拉
中文 奶油培根宽面

意语 cotoletta alla milanese
谐音 靠多莱嗒 阿拉 米兰内塞
中文 米兰炸牛排

意语 bistecca alla fiorentina
谐音 毕斯待卡 阿拉 费奥兰第那
中文 佛罗伦萨大牛排

意语 polpette di pesce
谐音 波了拜待 第 拜晒
中文 炸鱼丸

意语 salmone al forno
谐音 萨了莫内 阿了 佛了诺
中文 烤三文鱼

意语 calamari alla griglia
谐音 卡拉马里 阿拉 格力里亚
中文 烤鱿鱼

意语 pizza margherita
谐音 比匝 马该丽达
中文 玛格丽特(番茄乳酪)披萨

意语 pizza al tonno
谐音 比匝 阿了 多诺
中文 金枪鱼披萨

意语 pizza prosciutto e funghi
谐音 比匝 普罗舒多 哎 福翁 格一
中文 生火腿蘑菇披萨

意语 pizza quattro stagioni
谐音 比匝 夸特罗 斯达之奥尼
中文 四季(四种风味)披萨

意语 macedonia di frutta
谐音 马切多尼亚 迪 福禄达
中文 综合果盘

意语 torta al limone
谐音 多了达 阿了 里莫内
中文 柠檬蛋糕

意语 gelato misto
谐音 宅拉多 密斯多
中文 混合口味冰淇淋

意语 tiramisú
谐音 第拉米宿
中文 提拉米苏蛋糕